书山有路勤为径,优质资源伴你行
注册世纪波学院会员,享精品图书增值服务

项目管理核心资源库・敏捷项目管理

[澳] 尼尔·麦克沙恩（Niall McShane）著
李建昊 刘杨 译

响应式敏捷教练
通过有意义的对话加速教练成果

RESPONSIVE AGILE COACHING
How to Accelerate Your Coaching Outcomes with Meaningful Conversations

电子工业出版社
Publishing House of Electronics Industry
北京・BEIJING

Responsive Agile Coaching: How to Accelerate Your Coaching Outcomes with Meaningful Conversations by Niall McShane
ISBN: 978-1950367382
Copyright © 2020 by Niall McShane. All Rights Reserved.

本书简体中文字版经由Lifestyle Entrepreneurs Press授权电子工业出版社独家出版发行。未经书面许可，不得以任何方式抄袭、复制或节录本书中的任何内容。

版权贸易合同登记号　图字：01-2021-3022

图书在版编目（CIP）数据

响应式敏捷教练：通过有意义的对话加速教练成果／（澳）尼尔·麦克沙恩（Niall McShane）著；李建昊，刘杨译. —北京：电子工业出版社，2022.6
（项目管理核心资源库. 敏捷项目管理）
书名原文：Responsive Agile Coaching: How to Accelerate Your Coaching Outcomes with Meaningful Conversations
ISBN 978-7-121-43316-0

Ⅰ.①响… Ⅱ.①尼… ②李… ③刘… Ⅲ.①企业管理—组织管理学②人际关系—口才学 Ⅳ.① F272.9 ② C912.13

中国版本图书馆 CIP 数据核字（2022）第 093158 号

责任编辑：卢小雷
印　　刷：中煤（北京）印务有限公司
装　　订：中煤（北京）印务有限公司
出版发行：电子工业出版社
　　　　　北京市海淀区万寿路173信箱　邮编100036
开　　本：720×1000　1/16　印张：15　字数：186千字
版　　次：2022年6月第1版
印　　次：2022年6月第1次印刷
定　　价：78.00元

凡所购买电子工业出版社图书有缺损问题，请向购买书店调换。若书店售缺，请与本社发行部联系，联系及邮购电话：(010) 88254888，88258888。
质量投诉请发邮件至zlts@phei.com.cn，盗版侵权举报请发邮件至dbqq@phei.com.cn。
本书咨询联系方式：(010) 88254199，sjb@phei.com.cn。

序

25年来，我一直在这个我们称之为"敏捷"的系统中工作。开始时，我专注于进行实践，因为一切都是基于理论的。后来，我致力于使方法可行可靠，最重要的是为客户提供价值。对我来说，心里一直有一个很大的问号：在现实中，尽管敏捷实施的结果最初是成功的，但客户总能找到理由回到他们的旧习惯（那些导致无法完成交付的习惯）中。

后来，我发现了深深植根于组织中的旧模式的力量，如文件标准、职业道路、官僚作风、工作描述、评估、奖励，以及最后要提到的（但并非最不重要的）习惯。习惯一旦形成，就很难改变（"改变对我们不起作用"），它决定了个人或组织在压力下的反应。这些根深蒂固的习惯很难帮助人们改变，而个人和组织回到原来的模式是很常见的。人们碰到一个问题，并不是以敏捷的方式"向前"解决它，而是通过重拾旧习惯"向后"倒退。这给敏捷教练领域提供了巨大的机会。

现在，有很多人称自己是敏捷教练。然而，我很抱歉地说，我经常遇到不知道如何做教练工作的教练。通常，敏捷知识和敏捷经验的缺乏就已经是一个问题了，但是，敏捷教练技能的缺乏才是这个专业领域的主要问题。

问题是，这些教练技能到底是什么？我不能声称自己有唯一的答案。在敏捷实施的过程中，只是"支持人们找到自己的路"显然不是一个最好的办法。对我来说，敏捷教练就像体育教练。有时，你必须对团队该做的事和不该做的事进行指导并严格要求。有时，你必须让团队经历困境，让其自己努力前进。集体变革（以实现集体收益）和为团队量身定制的改进，都是所需支持的一部分，这就是本书的全部内容。

　　我建议你通过阅读本书来学习。看看本书对你的职业生涯有什么帮助。一个专业的敏捷教练总是对从他人身上学到的经验和改进方法感兴趣。祝你阅读愉快！

阿里·范·本内库姆（Arie van Bennekum）

《敏捷宣言》合著者

如何阅读本书

使用本书的最佳方法是将其视为一本实践参考书,当你日常练习教练技术的时候,本书有助于行动实践的设计和执行。我建议你打开日记本或笔记本,在阅读的过程中时不时地停下来,快速记下想法、见解、行动、时机或实践,以便在出现相关教练场景时采取行动。

阅读、理解,然后通过实践来学习,这将极大地提升你把本书中的理论转化为敏捷教练实践的能力。

请注意,本书中的一些概念可能看起来非常抽象,但在每章中我都会为你提供一些实践和行动,你可以采取实践和行动来巩固这些概念并积累经验,这将有助于你更深刻地理解这些概念。

本书中的思想是相互依存的,所以按顺序阅读各章很重要。我会在本书的开头部分做些介绍,然后在后面进行扩展和应用,如果跳过前面的内容直接阅读后面的内容,你可能感到困惑。

另外,我围绕本书中的观点建立了一个社区,我建议你加入其中,这样,你在阅读的同时可以与其他正在阅读或阅读过本书的读者一起讨论。

我希望你阅读本书时和我写作本书时一样快乐!

目 录

第1部分　为什么需要响应式敏捷教练　/ 001

　　第1章　敏捷行业　/ 002

　　第2章　本书背后的故事　/ 005

　　第3章　敏捷教练和敏捷教练实施　/ 011

第2部分　什么是响应式敏捷教练模型　/ 017

　　第4章　通过两个故事了解模型的诞生　/ 018

　　第5章　两条路径、四个行动、一个终点　/ 030

第3部分　如何实施响应式敏捷教练　/ 061

　　第6章　如何进行谈话　/ 062

　　第7章　感知然后响应　/ 068

　　第8章　告知或展示　/ 080

　　第9章　开放和保持　/ 085

　　第10章　等待然后共同创造　/ 101

　　第11章　实施响应式敏捷教练——一对一　/ 108

　　第12章　响应式敏捷教练与专业教练　/ 114

　　第13章　与团队一起实施响应式敏捷教练　/ 118

　　第14章　组合与实验　/ 129

第4部分　响应式敏捷教练的实践　/ 133

第15章　关键实践——倾听　/ 135

第16章　关键实践——正念　/ 142

第17章　关键实践——习惯管理　/ 151

第18章　关键实践——有意忘却　/ 158

第19章　关键实践——唤起临在状态　/ 165

第5部分　响应式敏捷教练的职业　/ 169

第20章　跨越响应式敏捷教练职业　/ 171

第21章　成为响应式敏捷教练的旅程　/ 180

第22章　我们从史蒂夫的旅程中学到了什么　/ 206

第6部分　响应式敏捷教练的能力　/ 210

第23章　制订学习和有意忘却的计划　/ 212

第24章　在组织中实施响应式敏捷教练　/ 223

结语——写在最后的话　/ 228

第1部分
为什么需要响应式敏捷教练

> 在第1部分中,我想给大家介绍一下敏捷和敏捷教练的一些背景知识,并指出本书旨在解决的一些行业挑战。我将分享一些个人的故事,这些故事让我有了撰写本书的想法,我还将概述响应式敏捷教练模型的核心元素。

第1章 敏捷行业

敏捷教练的兴起

最近,《福布斯》杂志发表了斯蒂芬·丹宁(Stephen Denning,全球管理领域的思想领袖)的一篇文章《敏捷正在吞噬世界》,这是一个大胆的说法。敏捷是一种工作方式,要采用这种工作方式,人们必须改变自己的价值观、原则和实践。这就是敏捷教练的用武之地,即帮助人们改变他们的工作方式。

业界对于向敏捷转型的看法已经发生了改变,从将其视为有关敏捷流程的实施,转变为改变全体员工的思维模式(价值观、态度、信念)。

在大规模的转型中,敏捷教练被认为是每个人角色的一部分。就像领导力是一种分布式责任一样,敏捷教练也被构建到了其他职位上,如变革管理者、领导者及其他"变革推动者"。我相信,现在是时候把敏捷教练视为一种技能,鼓励更多不同角色的人构建敏捷教练的能力了。所以,本书是关于敏捷教练实施(Agile Coaching)的,而不仅仅针对敏捷教练(Agile Coach)角色。

本书指出了我正试图解决的敏捷教练行业中的两个关键主题，以及相关的一些痛点：

1. 更有效且更快速地达成教练成果。
2. 重新认识工作的意义。

成果

敏捷教练经常面临证明和展示自己价值的压力。敏捷教练的实施通常需要在15～20周内（有时更短）展示明显的改进效果。在这段时间内，敏捷教练需要发挥作用，建立工作系统，或者利用他们的技能纠正"脱轨"的项目。如果不能将"硬（流程）敏捷知识"与"软（教练）能力"结合起来，教练将很难在限定的时间内实现改变。本书的贡献在于，使教练能够在告知（客户该做什么）的频率与向客户提问多少开放式问题（如"你觉得怎么样"）之间取得平衡，从而更快地交付教练实施成果。

如果你刚刚开始你的敏捷教练生涯，本书将帮你同时获得"敏捷"和"教练"知识，从而顺利开启你的职业生涯。如果你是一位经验丰富的敏捷教练，本书将向你提供一种新的教练模型，它可以充分利用你已经知道的知识，同时支持你将更深入的谈话整合到实践中。不管你的情况如何，本书都能让你更快地交付教练实施的成果。

意义

一些教练告诉我，他们希望进行有意义和有影响力的谈话，以帮助客户改变与敏捷相关的思维、信念和态度，但他们不知道具体应该怎样做。缺乏工作的意义，现在已经被视为一个全球性问题，在最近对26个行业的2285名专业人士进行的一项调查中发现，员工渴望更多的工作意义。研究结果表明：

"员工希望自己的工作更有意义，甚至愿意用金钱来换取。"

敏捷教练需要知道的是，（几乎）没有任何一个角色比教练角色更有潜力，更能给工作带来意义。通过阅读本书，你将学习一种新的敏捷教练模型，它使你能够进行有意义的谈话，不仅能鼓励客户改变他们的思维方式，而且愿意实施新的敏捷流程。通过使用这个模型，你将在工作中为你自己（和你的客户）创造意义；它会让人感觉很棒，并能更快速地产生结果——获得双赢！

第 2 章 本书背后的故事

敏捷教练专家

我走出面试房间，转向莎拉，她正在帮我招聘敏捷教练，我叹了口气，说："又是一个不合格的……"

这是第13次这样的面试，一种有趣的模式出现在所有的申请人身上。

在告诉你这种模式之前，我先给你介绍一下我们正在招聘的敏捷教练的情况和类型。我们正在寻找的敏捷教练需要具备两个关键能力：

- 在实施敏捷的过程中，与领导者合作，影响他们，并对他们进行教练。
- 在跨业务职能的部门（大型工作系统）中，指导和带领敏捷教练团队实施工作方式的变革。

听上去很简单？

现在，让我们回过头来，看一下这些申请人所表现出来的模式。经过十几次面试（这些申请人都是从几十份简历中筛选出来的）后，出现了一个越来越明显的现象，高级敏捷教练完全没有能力与高级经理或高管进行教练谈话。

当然，我们也找到了一些合适的申请人，但数量很少，大概只占全部申请人的5%。我们会问自己一个问题，以确定申请人是否应该被赋予高级敏捷教练的角色，这个问题是："在与高管进行了第一次会面之后，敏捷教练是否会被要求再进行一次谈话？"通常，我们得出答案都是"确定的'不会'"。

"为什么？"我听到你在问。答案很简单，一般情况下，高级敏捷教练因其敏捷专长而受到认可和嘉奖。在他们的敏捷教练角色中，并没有真正强调教练的那部分内容。敏捷教练中的教练实施，通常意味着流程指导；根据敏捷的价值观、原则和实践，提供以最佳方式做事的建议、提示、技巧和捷径，从而使工作更加有效。

然而，我需要解决的问题不仅需要教练来指导敏捷的流程，还需要他们有能力处理抵制变革的情况，以及相关的一些问题，在这些情况下，用直接告知或直接示范的方式是不够的。我所需要的敏捷教练可以在恰当的时候，停止给出建议，不再是敏捷专家，而是一个能够提出正确问题的倾听者，有助于对信念、价值观和态度产生影响。这种"专业"的教练实施非常重要，尤其是对高管而言。经过深思熟虑，我意识到我想招聘的教练除了敏捷专家，还要在敏捷教练实施中具有非专家的思维，帮助教练对象理解阻碍自己"开始实施"敏捷的情绪和信念。

我们面试的所有教练都是敏捷专业人士；事实上，他们是专家级的。但是，他们很难把自己的建议放在一边，而去关注教练对象的情绪、态度、价值观及信念。

我举个例子，我曾问过一个申请人这样的问题：

"当和客户一起工作时，你会如何运用情绪？"

显然，申请人对于我问的这个问题，表现得非常恼火，他回答说："好吧，听起来像在操控别人！"他拒绝回答这个问题，很明显，他对于讨论情绪问题感到很不自在。

现在，你可以将此归咎为我们过于挑剔，或者把标准设定得太高，又或者招聘的广告措辞写得太差，但是，这些申请人存在的真正差距是非常明显的，可以用以下这句话来描述：大多数经验丰富的敏捷教练没有能力与客户讨论情绪、态度、信念和价值观。

在进行了多次面试，并反复看到这种模式之后，我清楚地发现：对敏捷教练的需要发生了改变，而这些教练并没有随着这种需要的改变而改变。敏捷教练必须能够提供教练实施；他们要具有非专家的思维，提出问题而不是给出答案；他们能够处理情绪，处理关于人的事情，而不仅仅处理流程。

当看到所有这些专家教练都无法满足我所在组织的需求时，我很同情这些拥有高技能、高竞争力和自信的高级敏捷教练。现在，已经显露出对敏捷教练的新要求，即敏捷教练除了能够辅导流程实施，还需要掌握一些其他的技能，这让他们感到困惑。

敏捷教练初学者

在招聘高级敏捷教练的同时，我正在建立一个有50名内部实习敏捷教练的教练学院。这些人被邀请参加一个基于他们的思维、态度和学习热情的能力提升计划。

因此，一方面，我可以看到参加面试的高级敏捷教练之间的差距；另一方面，我在50名初学者的职业生涯之初与他们一起工作。我注意到，专家级敏捷教练和初学者之间有很大的不同。

初学者很好奇，他们没有马上提出很多建议，他们认真倾听，在给出建议之前，他们会试图了解与他们交谈的对象。而专家级敏捷教练已经失去了这些能力。

我在初学者的职业生涯开始时就对他们进行了培训，解释了他们需要了解的教练基础知识；这就要求他们（有时）需要保留自己的观点，并为那些他们正在教练的人留出空间，让这些人自己解决问题，而不是由敏捷教练告知答案。

就在那时，关于写这样一本书的想法出现了。如果有一种方法可以让敏捷教练成长为专家，同时能保持他们的开放性和好奇心，以及深入倾听客户需求的能力，那会怎么样？如果有一个敏捷教练模型，可以帮助你选择如何以敏捷专家的身份或以一种更加开放、非专家的思维做出最佳反应，那会怎么样？

专家—初学者的矛盾

以上两个故事告诉我们什么是优秀的敏捷教练实施。为什么很难"确定"什么是优秀的敏捷教练实施呢？我将原因称为专家—初学者的矛盾。敏捷教练实施涉及两种几乎对立的行为或力量，这两种行为或力量多年来一直困扰着我们的行业。

第一种行为是做一个自信的敏捷专家，采用敏捷的工作方式，给予技术或流程方面的建议。很简单，对吧？然而，第二种行为则会产生很多混乱，敏捷教练实施也包括通过改变来教练他人。帮助人们从一种工作方式发展到另一种工作方式，这需要涉及软技能；要执行这些软技能，敏捷教练必须心胸开阔，深入倾听，抛开他们的专业知识（表现得像个初学者）。通过运用初学者的思维方式，教练会保持好奇心，这就为更深入的谈话腾出了空间，教练会对客户的情况表现出同情心和同理心。通过采用这种初学者的心态，教练能够更好地与客户合作，并在变革中为客户提供支持。在第3章中，我将进一步阐述专家—初学者的矛盾，但是现在，要意识到这种矛盾关系是敏捷教练需要处理的，它对于敏捷教练的工作是积极和有用的。

到目前为止，敏捷教练还没有得到相关的指导，用于确定何时、何地去采用这些经常相互对立的行为。响应式敏捷教练模型将帮助你回答敏捷教练实施中最令人困惑的问题之一——我是应该告诉客户做什么，还是征求他们的意见并深入倾听呢？

这个模型的秘密是培养你的能力，在教练实施时停止反应，做出响应。在进入本书其余部分之前，让我们快速讨论一下这个话题。

响应式敏捷教练实施

我看到了敏捷教练实施的下一代"版本"，它包含当客户需要帮助时如何响应的能力。有时，当你面对"告诉我或演示给我该做什么"时，客户需要你成为敏捷专家。有时，客户需要你更像一个开放、好奇的初学者。当你面对"我不确定是否需要让别人告诉我该做什么"时，或者你没有所有问题的答案时，此时就需要你提供非专家的敏捷教练实施。在第二种情况下，敏捷教练的实施过程是与客户共同创造新的工作方式，而不是告诉他们或向他们展示什么是敏捷或如何实施敏捷。

优秀的敏捷教练是具备响应能力的，他们知道何时及如何调整方法来服务客户，并从工作中获得组织期望的结果。我甚至想进一步说，真正的大师级教练有时可以在这两个极端之间"跳舞"，上一刻，他们给出专家建议；下一刻，他们会深入倾听，然后提出开放式问题，从而帮助激发客户思考和反省。

我亲眼见过这些大师级教练如何工作，当我第一次看到他们的表现时，我觉得这是一种魔力，真让人难以置信。我无法用一句话就让你理解其中所需的技能，即上一刻讨论用于管理工作组合的高度复杂的流程，然后下一刻帮助领导者深入思考其对工作场所文化的影响。这就是响应式敏捷教练实施，这也是我希望你们通过阅读和实践本书中的思想能够做到的。你会在几天（而不是几周）内从教练实施中得到结果，因为你已经发展了自己的能力——在教练客户时响应客户而不是仅仅做出反应。在提供教练服务时，通过响应客户，你更有可能采取正确的方法（在正确的时间），并更快地获得结果。接下来，我将告诉你怎么做！

第 3 章 敏捷教练和敏捷教练实施

对于我们来说，非常重要的一点是，要在敏捷教练实施是什么和敏捷教练做什么之间保持一致。即使你已经担任这个角色很多年了，在我们继续下一步之前，给出确切的定义并理解一些术语的含义，仍然是很有帮助的。

定义

"敏捷教练"是指正在提供或渴望提供敏捷教练实施的人，这与他们的实际工作角色或职位无关。所以，如果你是一名领导者、管理者、敏捷实践者，甚至是一名专业的敏捷教练，我统统都使用敏捷教练这个术语。

此外，在本书中，我还将提到"客户"。客户是指你正在提供教练实施的任何个人或团队。所以，从现在开始，你可以假设这个词指代的是个人或团队的二者之一。

现在我们已经了解了这两个术语的定义。另一件重要的事情是为一个简单的问题找到一个明确的答案，这个问题是"什么是敏捷教练实施"。

定义敏捷教练实施所遇到的一个难题是，当你问10个人这个问题时，你会得到15种不同的答案。所以，我将给出一个非常简单的定义：

敏捷教练实施是赋能他人采用敏捷的工作方式。

我喜欢这个定义，因为结果是可以观察到的——要么人们的工作方式发生了改变，要么他们本身发生了改变。这个定义似乎足够简单，但是，澄清敏捷教练实施中的"教练实施"的实际意义及在这个背景下"敏捷"的意义，这一点很重要。我们有体育教练、生活教练、领导力教练，以及许多其他类型的教练，这在敏捷教练社区造成了混乱。因此，为了消除其中的不确定性，我想将敏捷教练实施分成两个部分加以考虑，即"敏捷"和"教练实施"。

敏捷教练实施的"敏捷"部分

在任何工作场所，每个人都会和其他人一起工作，遵循流程，利用各种工具完成工作。我们称之为"工作系统"。敏捷教练的工作是帮助这个系统中的人改变完成工作的方式，采取更好的工作方式。

对于任何采用敏捷的工作场所，都有相关的框架、价值观、原则、流程、角色、模式、工具、实践、仪式、命名惯例、方法、模型等。敏捷的实践者和顾问不仅需要了解这些知识（作为他们角色的一部分），而且需要有实践经验，并将其应用到人们的工作中。

通常，敏捷教练实施是关于实施实践及其相关流程的。当然，这些都是以敏捷价值观和原则为基础的，但是教练的主要成果是使客户能够采用新的工作方式（流程），从而产生可以观察到的行为改变。

敏捷教练需要了解敏捷框架的类型（流程、角色和相关工件的集合），从而将其应用于他们所教练的不同规模的工作系统中。我通常认为敏捷教练实施的工作系统有三种主要规模：团队级别（小型，最多30人）、规模化团队（中型，31～300人），以及大型系统（301～1300人）。第20章将对此进行更详细的讨论；现在，我们只讨论关于角色本身的内容。

在考虑帮助其他人使用敏捷流程之前，敏捷教练应该具有实施敏捷流程的经验（召开计划会议或引导回顾会议）。例如，在将自己视为敏捷教练之前，敏捷实践者应该拥有使用一个或多个框架执行所有团队级别敏捷实践的经验，且实施时间不少于6个月。换句话说，在教练敏捷实践之前，你需要亲自进行过敏捷实践。只教练你做过的事情，这适用于每种规模的工作系统。如果敏捷教练试图教练他们自己都没有进行过的实践，他会被认为是不真实的，并且通常会受到质疑。因此，优秀的敏捷教练都有丰富的经验，他们进行过敏捷实践，因此，他们可以实施敏捷教练。

总之，敏捷教练需要了解并实践适合他们所教练的工作系统规模的框架。我建议敏捷教练在学习与敏捷工作方式相关的新知识和技能时，遵循一个渐进的、三步走的顺序：（确保你）知道它—（并且可以）做它—（然后）教授它。

稍后我会详细讨论这个问题，但我想现在你已经明白了。如果你认为自己已经准备好成为某个主题的敏捷教练，那么你最好拥有这些知识，将其应用到实际的团队中，并且能够通过教别人来证明你的理解是正确的。只有到那时，你才算准备好可以进行敏捷教练实施。

当然，渐进的顺序并不意味着教练实施在实际发生时总是线性的；通常，教练首先是从实践中学习，然后再学习理论，这没关系。然而，特定领域的教练实施能力应该建立在知识和经验的基础之上。

敏捷教练实施的"教练实施"部分

到目前为止，我提到的教练实施类型被称为流程教练实施。另一种类型的教练实施是敏捷教练角色的一部分——专业教练实施（Professional Coaching）。当简单地告知或向人们展示如何实施敏捷行不通的时候，就需要这种类型的教练实施了。通常,这种情况发生在人们对提议的变革有抵触情绪,或者教练需要与客户共创工作方式的时候。国际教练联盟(International Coaching Federation,ICF)将专业教练实施描述为"以发人深省、富有创意的方式与客户合作,在此过程中激励他们最大限度地发挥个人和职业潜力"。

在专业教练实施谈话中,教练通过深入倾听和强有力的提问来激励客户。注意:专业教练实施不提供关于敏捷流程的建议。专业教练实施与流程教练实施完全不同;事实上,几乎相反。流程教练实施给出了如何工作的答案,而专业教练实施则通过提出问题来理解我们为什么工作。

尽管专业教练实施已被包含在最近的一些敏捷教练实施能力框架中,但我认为它并不适合敏捷教练的日常工作,至少在作为传统的认证专业教练实施课程的一部分教授时是不适合的。专业教练在与客户合作时预先确定教练关系(单次教练的时间、整个教练的持续周期,甚至教练谈话的次数),并以结构化、有序的形式进行。

敏捷教练在进行教练谈话时很少刻意地坐下来,并使用结构化的形式。而且,敏捷教练很少会就客户采用某种工作方式的原因进行深入的思考和结构化的教练谈话(这是专业教练实施的方式)。当然,有时也会发生这种类型的教练实施,但这并不是常态。尽管专业教练实施并不完全适用于敏捷教练的日常工作,但专业教练实施的某些要素(倾听、提问、沉默)对成为一名优秀的敏捷教练来说是至关重要的。

敏捷教练需要专业的教练能力,但不能像现在教练课程里所教的那样来使用它们。稍后我将对此进行详细介绍,展示敏捷教练应该如何及何时使用专业教练实施的技术。

本章小结

- 敏捷教练实施不仅是一种工作，还是一种能力，可以定义为赋能他人采用敏捷的工作方式。
- 敏捷教练在尝试教练其他人之前，需要知道并已经进行过敏捷实践。
- 敏捷教练实施包括两种经常对立的类型：流程教练实施和专业教练实施。后者并没有被敏捷教练很好地理解或普遍实践。

第2部分
什么是响应式敏捷教练模型

在第2部分中,我将逐步为你介绍响应式敏捷教练模型的要素。一旦你完全理解了这个模型,我将向你详细介绍如何使用这个模型。真正令人兴奋的是,响应式敏捷教练模型首次为如何与客户进行敏捷教练谈话提供了具体、详细的指导方针。该模型将引入一些新的语言来描述敏捷教练是如何工作的,这可能看起来很奇怪或有点儿不寻常,但这是必要的,因为我们需要重新定义什么是敏捷教练,以及如何实施敏捷教练。

第4章 通过两个故事了解模型的诞生

我想带你经历在我指导敏捷教练的整个职业生涯中反复看到的两个场景。在第一个场景中,教练有答案并提供解决方案,而且体验令人满意。在第二个场景中,教练的解决方案不是答案,很多教练都会在此挣扎、放弃,或者转向其他地方提供教练。我所开发的这个模型提供了两个场景下的响应,并为教练提供了不同的处理方法。

下面我将基于这两个场景讲述两个故事,然后我会引入响应式敏捷教练模型,并对其进行详细解释。

第一个是我所谓的"晴天故事",即一切都按照脚本进行;教练扮演专家,客户扮演学员。在这个场景中,每个人都能得到他们想要的东西。

晴天故事

让我告诉你一个正在发生的故事,就在我写本书的时候。这是关于我在过去两周刚刚开始的一项教练任务。这是一个很好的例子,敏捷教练"干净利落"地向组织交付了服务，几乎没有遇到变革阻力。这是一个美好的"晴天故事"。

客户有一个问题项目。该项目已经运行了一年，进度落后于计划，团队内部有很多冲突。管理层认为项目没有得到很好的管理，并且担心进一步延迟的风险。我被聘为敏捷教练，负责驱动项目，改变工作方式，改善团队文化。下面是我和产品负责人（弗雷德）第一次会面时进行的谈话。

"我认为我们需要减少敏捷仪式的数量，这是在浪费我的时间。"弗雷德说。他说完后，就靠在椅子上，摆出一副"我受够了"的姿势。

我心想：哇，这家伙真的很沮丧；他看起来非常认真，但对团队已经厌倦了。

这是很常见的团队级别敏捷教练实施——没什么特别的——但你可能会想，这是一个"晴天故事"吗？答案是肯定的，随着我们的故事继续，你就会明白为什么是"晴天故事"了。

在第一次会面中，我让这位充满抱怨的产品负责人感受到自己被听到了。我没有争辩或质问他的说法，只是倾听和同理他。在接下来的一周里，我与团队成员和项目经理会面，了解到了以下情况：

- 产品负责人让每个人都害怕说话。
- 这个项目缺乏治理的方法。
- 基本的团队级别敏捷教练实施还没有到位。
- 团队没有团队公约。
- 回顾是肤浅的，没有触及问题的根源。

我和项目发起人马克见面，一起讨论行动计划。

"好吧，尼尔，你的计划是什么？"马克询问。

"我们需要让团队的工作方式变得井然有序，现在是一片混乱。最简单的方法就是回到基本的 Scrum 框架上。一旦这些都准备好了，我就会和每个团队成员就他们的态度、价值观、行为进行教练。"我回答道。

"好吧，你打算先做些什么改变？"马克问道，"我真的需要这个项目有更好的治理方法，董事会需要知道什么时候能交付。无论你想做什么，我都全力支持你。"

在这次会面之后，我开始告诉团队如何开展更加正式的 Scrum 的实施。团队认可我是专家级的教练，我的建议没有遇到任何阻力（甚至产品负责人也按照我的要求做了），马克保证我可以继续实施变革。

在接下来的两周里，我开始了教练实施中"软"的方面：组织了一次创建团队公约的工作坊，以及一次深入的回顾会议来表达所有的不满。我和产品负责人一对一地工作，团队开始学习如何就他们的行为进行公开和诚实的谈话。

我所有的建议都被采纳并实施了，在两个 Sprint 中，团队的敏捷仪式完全符合 Scrum 的实施标准。我通过介入并引导所有敏捷仪式、帮助重新配置团队的工具设置做到了这一点。有时我自己做，有时我告诉别人去做。对于我的建议，团队几乎没有讨论或谈判。发起人很高兴，团队也很乐意我告诉他们该做什么，结果很快就实现了。

下图直观展示了此次教练实施过程：一条明确的、直接的路径，来执行我作为敏捷教练的角色。

晴天故事总结

那么，这个场景中发生了什么？让我总结一下。

这个场景中没有什么不寻常的东西；这是传统的敏捷教练实施。我之所以能够胜任工作，是因为有允许"晴天故事"可以发生的几个前提条件：

- 发起人对敏捷教练的支持和许可。
- 请我到团队里进行教练有明确的理由；有非常明确的待解决的问题。
- 我有合适的技能和经验来承担我被要求做的工作。

这项教练活动得以"按计划"进行，因为所有这些前提条件都已具备。让我们来逐条看一下。

首先，我可以和团队一起工作，团队知晓发起人不满意目前的工作方式，而我得到了发起人的支持，来帮助团队改变工作方式。你可以称之为权力或授权，但这都意味着同一件事：你可以通过告知或展示来指导人们果断地采取行动。我不需要获得许可，因为很明显，我来这里是为了带来一些改变。团队知道发起人是支持我的，他们知道公司正在期待变革，他们知道至少需要给我一次机会，而且他们愿意去倾听。

其次，有一些明显的问题需要解决。我（有经验的教练）会立即看到这些问题，并迅速地提出解决问题的方法。

最后，我以前经历过这种情况，有经验，知道该怎么做，也知道团队需要听取哪些建议。我很快就能给出答案，并提供实际的帮助和解决方案。

"晴天故事"的教练实施是敏捷教练采取的主要方法，也是敏捷教练最为人所知的方法。客户通过教练告知并向他们展示敏捷的内容和方法来学习新的技能，之后他们会把技能嵌入新的工作方式中，并自己独立完成工作。写一本关于上述场景的书虽然很有用，但并不能为敏捷教练提供完整的信息。当教练的提议（不管是公开的还是被动的）遇到阻力时，会发生什么情况？我最近培训的50名敏捷教练初学者，当他们遇到与"晴天故事"不相符的情况时，就不知道该怎么应对了。从那时起，我开始意识到有必要为教练提供指导，指导他们在"雨天"（当他们没有被倾听、没有得到很好的支持，或者对他们试图解决的问题没有所有的答案时）该怎么做。

"雨天"教练实施和"晴天"教练实施有很大的不同，在现有的敏捷教练培养或认证培训项目中，没有很好的解决方案。在"雨天"场景下，仅仅告知客户或给客户做示范是行不通的；答案并不明显，需要一种不同的方法。我经历过真实的（和典型的）"雨天故事"。

雨天故事

珍很沮丧。她听说过对技术团队进行敏捷教练是"不同于"对业务团队进行敏捷教练的，但是她所经历的变革阻力远远高于她的预期。珍是一名变革管理专家，这使她走上了敏捷教练的道路。她已经学习了敏捷流程，并且是一名非常熟练的引导师，但是当她第一次作为敏捷教练进入技术部门时，她意识到，无论读了多少书，自己永远不会像教练对象那样了解IT。一天早上，珍一边喝咖啡一边考虑当天的工作；她回想起前一天与技术团队的一位产品负责人约翰的谈话。

"你好，约翰。我叫珍。我被指派作为你的敏捷教练来支持你的工作。事情进展得怎么样？"

"你好，珍。你说什么？如果有人来帮助我完成工作，那真是太好了。你之前做过什么？"约翰问道。

"我刚刚完成了人力资源部的一个项目，我在其中帮助几个团队实施敏捷；我的主要研究领域是领导力和组织文化。"

珍注意到约翰的姿势和表情都发生了很大的变化；他看上去不像5秒前那么高兴。"我无意冒犯，珍，你在开玩笑吧！为什么公司会指派一个不懂业务的教练来帮助我和我的IT交付团队。这真是太荒谬了。"

说完，约翰走开了，这让珍目瞪口呆，不知所措。

现在，珍很沮丧。到目前为止，她的敏捷教练生涯基本上是一帆风顺的，只是曾经遇到一些小阻力。她考虑了下一步的行动，在记事本上记下了可能的前进方向：

1. 想办法"重启"谈话。

2. 与约翰就他的反应进行更深入的交谈，了解他的反应背后的原因。

3. 将自己的教练角色定位为解决问题的推动者。

4. 找出约翰的问题所在。

珍带着这个"迷你"计划开始工作。她在电梯里遇见了约翰。

"你好，约翰，我……"

约翰打断了她的话。"很抱歉打断你，珍。我只是想为昨天的事道歉。我不确定你是否适合我们这里的需要。我们有太多积压的工作，时间不多。在你还不是IT专家的时候，我只是不想浪费你和我的时间。"

珍深吸了一口气，做了一个放松的姿势。在那一刻，她有意识地尝试对约翰的处境表现出同理心，然后才做出回应。"我明白，约翰。我确实不是IT专家，我不会站在这里假装我是。如果我只是观察几天呢？我不会挡你的路，也不会占用你任何时间。在那之后，我们可以再谈谈，如果到时候我们还都认为我的存在没有任何价值，那么我会和我的经理去谈。这样可以吗？"

"好吧，前提是，请不要干扰团队的工作。"约翰说。

"当然，就这么说定了。请你在周三的日程里为我留出一些时间，我会总结一下这几天发生的事情；这期间，我只是观察。"

三天后，珍和约翰坐在会议室里，总结发生的事情。

珍宣布会议开始。"你好，约翰。我想利用这段时间讨论一下你们团队的工作方式，更具体地说，我想和你谈谈你的工作情况。"

"嗯，我们做得不错，团队进行了一次非常好的Sprint，我们实现了目标……"

珍非常礼貌地打断约翰。"抱歉，约翰，打断一下，但我只想指出，你说的是'我们'，是你的团队。我问的是'你'的情况。"

"哦,好吧,是的。嗯……"约翰停顿了一下,现场一片寂静。

珍等待着,听着,专注地看着。她放下笔,在椅子上坐直,身体微微前倾,双手放在桌子上放松下来,示意"你接下来说什么我都愿意听,不会带有任何评价"。

珍紧张地笑了笑。"这很有趣——从来没有人真正问过我的情况,至少不是像你问的那样。这里的每个人都太忙了,根本不可能了解人们到底在做什么。"

珍没有做出响应。她只是一直听着,等着约翰,他看起来有更多的话要说。

"那么,珍,过去两天你观察到了什么?"

"我观察到了忙碌和交付的压力。我亲眼看到你四处奔波,试图满足每个人的期望,维持和保护团队的生产力。我看到你,作为一个产品负责人,关心你的团队,也关心质量。"珍回答。

约翰笑了,这次不那么紧张了。"是的,就是这样。我想你现在明白了,为什么当你不是以IT专家的身份来帮忙时,我会拒绝。"

"约翰,敏捷教练可以做很多事情来帮助产品负责人;当然,这个角色既包含敏捷专家和技术专家的部分,也包含教练的部分,我认为这才是我对你和你的团队最有用的地方。我可以做一些事情来帮助你缓解你所经历的忙碌和压力。作为你的教练,我们可以合作来保护你的团队,同时把事情做好。我可以和你,以及你的Scrum Master一起把事情安排妥当,减轻你的压力。"说完后,珍安静了下来。

约翰想了想珍所说的话,然后说:"所以你愿意和我一起工作?"

"是的,我称之为'共同创造'你的工作方式。这就是我的风格,约翰；我的工作是和别人一起做，而不是给他们做；这样你就拥有了自己的工作方式，因为你创造了它。"珍回答道。

"好吧，让我们看看接下来会发生什么。我们可以与团队一起评估如何进行每一次回顾。"

"太好了，约翰，谢谢你听我说完。让我再次确认一下：我们将一起工作来实现改变，并改变团队的工作方式。我们是一个团队，对吧？"

"是的，珍。一切都很好。我甚至可以向你请教如何更好地安排自己的时间。"

当珍离开会议室时，她回想起这次谈话，回想起她的教练实施。她坐下来，迅速地在笔记本上画出了她和约翰谈话时用到的模型；她不想忘记这个方法，想把它保留下来以备将来参考。

雨天故事总结

珍遇到了阻力，简单地告知或者说只是让约翰知道答案是行不通的。珍没有机会改变工作方式，团队没有邀请她。珍使用与"晴天故事"场景相同的方式开始了教练实施工作，她发起了这段关系，但之后必须重新开始。

这个场景的不同之处在于，珍必须采取另一种方法来查看"冰山"下面是什么。这需要遵循一个"向下"的路径，让我来解释一下"向下"是什么意思。

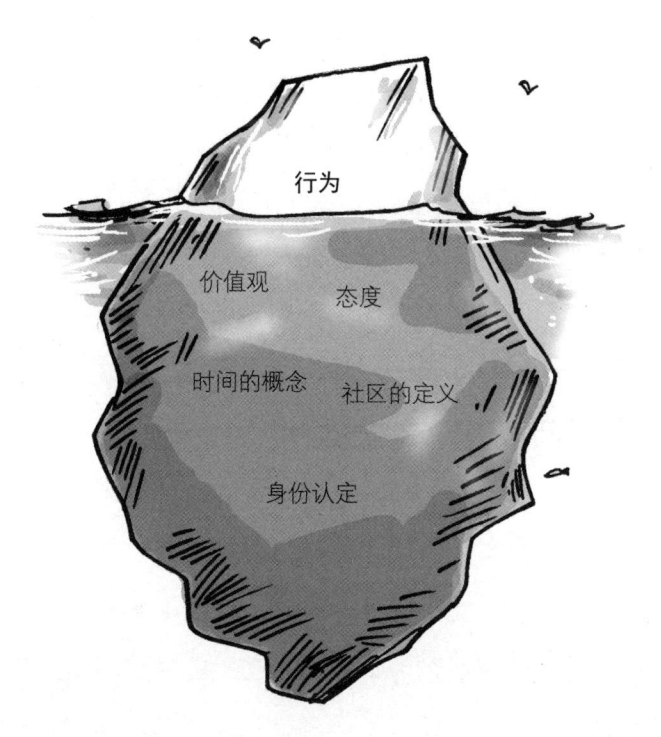

行为

价值观　态度

时间的概念　社区的定义

身份认定

当人们以一种可观察的方式行事时，一些看不见的因素也会起作用。一个人的信仰和价值观支撑着他的态度和行为。当这些看不见的因素受到挑战时，这个人就会变得情绪化，就像约翰在听到珍的主要研究领域时的反应一样。珍的所作所为在某种程度上与约翰的价值观或信仰不一致。例如，约翰认为只有IT专家才有权就他们应该如何工作向他提出建议，这并不是没有道理的。约翰也可能认为珍的要求不尊重他的时间，他没有时间可以浪费。最终，我们永远不会知道是什么让约翰做出了这样的行为，但这并不重要。珍所能做的就是改变她的方法——根据情况做出响应——她做到了。

当珍第二次与约翰见面时，她并没有提供答案来解决敏捷的问题，或者向团队展示如何更好地实施敏捷。她采用了一种遵循不同路径的教练模型——当需要更深层次地考虑是什么导致了抗拒时就会使用这种模型。

珍用倾听、沉默和开放式问题来放慢谈话的速度。她以全新的（非专家的）眼光看待约翰的问题，同理他的情绪。这让约翰有了"被感受到了"的感觉。在这种情况下，教练和客户都开始"放弃"自己的观点，为新的分享观点腾出空间，双方没有试图按照既定的议程谈话。约翰之所以会这样，是因为当约翰问珍她观察到了什么时，珍的回答"击中了目标"并引起了他的共鸣。当约翰觉得珍在听他说话并理解他时，他就开始信任珍了。

在这样的谈话中，转折点总会出现；珍静静地坐着，等待即将发生的事情。这是新事物出现的时刻——想法、选择、关系或前进的方向。正是在这个转折点之后，共同创造才开始，约翰同意他们可以作为伙伴"一起做事"。会议结束后，他们的关系与之前截然不同。双方摒弃了旧的想法和观点，建立了合作关系，以改变团队的工作方式。最后一步是嵌入新的系统，在本案例中就是他们一起工作。最后，珍在结束这次会议时与约翰确认并达成了协议。

我们将在第5章和后续章节中更加详细地回顾这个过程。

优秀的敏捷教练的秘诀是，能够通过提供答案或与客户共同创造答案来响应教练实施中的要求或机会。响应式敏捷教练会立即执行任何必要和需要的方法。请继续阅读，看看这两个响应选项是如何相互作用，从而形成"响应式敏捷教练"整体模型的。

> **本章小结**
> - 作为敏捷教练，关于客户的问题，有时你有答案，有时你的答案要么不被接受，要么不足以解决当前的问题。
> - 关于做出响应，简单的理解就是敏捷教练要意识到他们可以在两种不同的谈话方式中做出选择。

第5章　两条路径、四个行动、一个终点

两条路径

如果把"晴天故事"和"雨天故事"两幅图结合起来,我们就会看到敏捷教练谈话的两条路径。自然流现研究院(Presencing Institute)超过15年的研究也支持这个路径模型,该模型以"U型理论"和麻省理工学院奥托·夏莫(Otto Scharmer)的研究成果为基础。响应式敏捷教练模型采用"U型理论",并将其应用到敏捷教练谈话领域。为了简单起见,我把第一条路径称为"横跨"路径,把第二条路径称为"纵深"路径。

在这一阶段,我想保持这个模型的最简单的形式,从而突出教练需要做决定的时刻;在这个时刻,他们可以做出选择,并有希望通过选择合适的路径,做出能够最好地服务于客户的响应。每条路径都有一个或一系列与之相关的行动。让我来告诉你我所说的"行动"是什么意思,因为这是敏捷教练中的新语言和新概念。

决策点

告知、展示

横跨

纵深

更深入的谈话

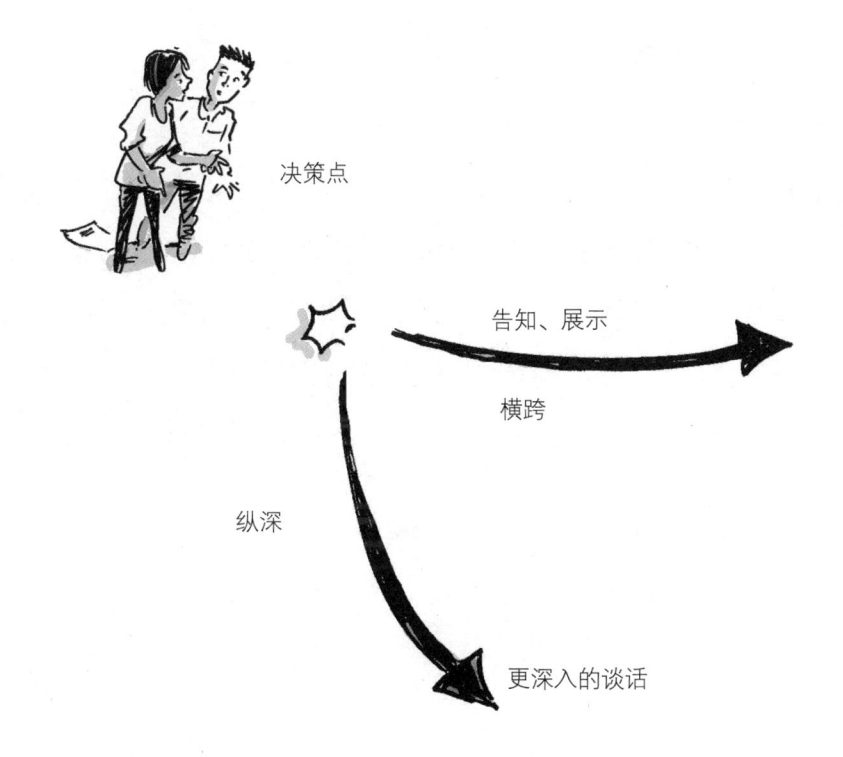

四个行动

响应式敏捷教练模型是一种基于"流"的方法，用来进行敏捷教练谈话。该模型由四个行动组成，这将有助于组织本书的其余内容和所有相关的概念。我特意使用了"行动"这个词，因为每个行动都包含相应的步骤，这些步骤是教练需要遵循的。

这些行动不是一成不变的，而是集合起来形成敏捷教练谈话的"流"。以下是四个行动：

1. 感知然后响应客户的需要。

2. 告知或展示如何应用敏捷。

3. 开放和保持空间，以进行更深入的谈话。

4. 等待然后共同创造新的工作方式。

模型的最后一个元素是一个终点，它由一个单独的步骤组成——将变革嵌入更好的工作方式。

四个行动和两条路径一起帮助敏捷教练将谈话导航到终点。在"横跨"路径中，教练将告知客户或向客户展示如何实施敏捷。"纵深"的路径包括更深入的谈话，教练将"开放和保持"空间，以支持客户与教练进行对话。一旦进入"开放和保持"行动，教练就会等待新想法的出现，然后再转向与客户"共同创造"新的工作方式。在选择路径之前，敏捷教练会感觉到有一个教练时刻（响应时刻），考虑最适合客户和当下情况的是什么，然后做出恰当的响应。

以下是这个模型的一个简单版本，在本书的后面，我会补充更多的细节。

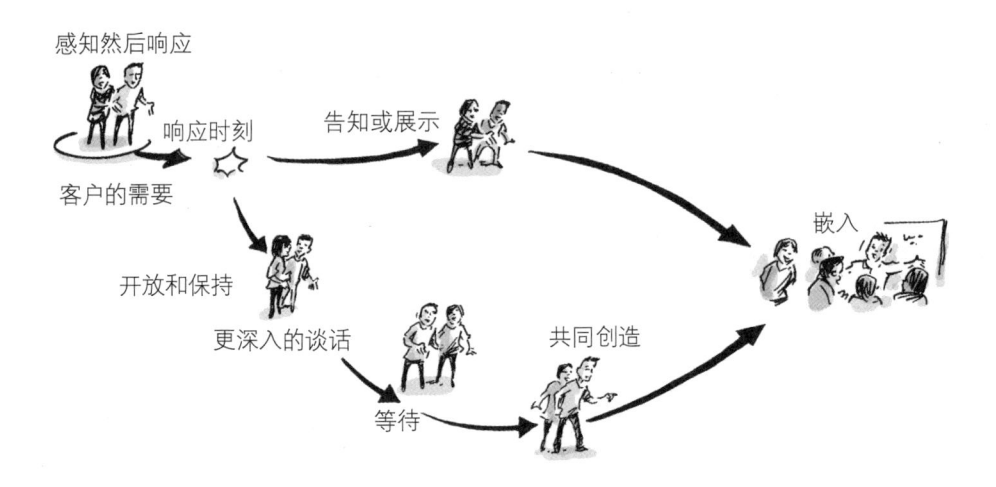

现在让我们花点儿时间来解释每个行动中的每个步骤。在这个阶段，我想让你们了解一些基本概念。当我向你展示如何使用该模型进行一次真正的敏捷教练谈话时，这些内容就会变得鲜活起来。

行动一：感知然后响应

> 感知然后响应
>
> 客户的需要

在敏捷教练谈话之前，会有一系列的事件和活动，这些事件和活动会让教练意识到他们需要"开始"了，是时候作为教练的角色进入工作了。教练在感知环境，捕捉信号，或者只是等待被请求帮助；一旦发生这种情况，机会出现了，可能就需要做出响应。

响应式敏捷教练模型的核心就是这种响应而非反应的能力。当需要帮助时，不要出于习惯而行动，而是有意识地选择做什么（或不做什么），这标志着敏捷教练实施正在发生。正如你在模型中看到的，感知然后响应行动，接下来就进入了一个选择时刻——响应时刻。在讨论响应时刻之前，让我们更深入地了解"感知然后响应"这个行动中的每个步骤。

感知

感知你的环境，这样在"重要时刻"你就可以以敏捷教练的身份站出来,这是一种重要的能力,因为没有它,教练谈话就无法开始。要掌握敏捷教练能力,需要大量的实践,如果没有精准的感知能力,你将失去与客户开始谈话的机会。这听起来似乎显而易见,但事实并非如此。许多教练在他们应该发声的时候没有发声,或者没有看到教练的机会——这通常是因为在那一刻,他们没有注意到发生了什么。

我建议使用正念练习和倾听练习,以保持你对环境的敏锐觉察力(你将在第4部分学习这些内容)。通过这样做,你将看到所有可以进行敏捷教练的机会。此外,随着经验越来越丰富,你将知道进行敏捷教练的机会在何时何地最有可能出现。例如,经验丰富的教练知道,与一位匆忙赶去参加下一场会议的高层领导者开启走廊教练谈话的最佳机会是,走出会议室去电梯的这段时间。

对于感知的一个建议是:不要只寻找事实和处理数据。感知还包括留意周围人发出的不那么明显的信号——姿势、语气或情绪都可能是一种迹象,表明可能存在无人问津的未解之谜。记住,在"感知和响应"的感知部分,我们只是注意感知告诉我们的信息,记录来自环境的数据。我们没有做出响应或采取任何行动,快速行动会降低你的响应能力。

最后,在讨论下一步行动之前,我想让大家认识一下直觉。如果你直觉地感到有什么事情正在发生,那就关注它,而不要忽略它。最近,我正在辅导一个由15名经验丰富的敏捷实践者组成的小组。主题是如何创建心理安全的环境。我听到有人悄悄对另一个参与者说:"我们应该做一个关于如何真正创建安全环境的练习。"我差点就驳斥了这个说法,但我停顿了一下,保持沉默,全场大约等待了60秒,因为我在思考我的直觉想告诉我什么。我内心的声音好像在说:"尼尔,这很重要,你应该照他说的做,和小组一起讨论这个话题。"当然,这正是他们所需要的,也是这个为期3天的工作坊的转折点,我们把谈话引向了需要讨论的话题。我的意思是我感知到了我所听到的,但我的直觉让我停下来,思考如何最好地做出响应。

感知:实用技巧和实验

在这个充满干扰的多任务并行的世界里,保持专注、正念和适当感知环境,变得越来越困难,尤其是当我们进行远程或虚拟教练的时候。

我建议你通过练习,对你所处的位置保持敏感性,在你进行教练的时候避免分心。敞开心扉接受并积极地寻找"微弱的"或微小的信号,这些信号可以为你提供有关团队发生的事情的额外数据或背景内容。保持开放、倾听、观察,运用你所有的感官去寻找机会,以提供教练服务。

学会倾听,真正地、深入地倾听;练习全神贯注于和你交谈的人。调整你的思维,热切地等待他们要说的话;当倾听的时候,你要有真正的好奇心,这样你就会开始在谈话和环境中感受到更多。准备一个日记本,记下来你做了多少次"不加判断地倾听"。在第4部分中,我将详细讨论倾听练习。

用正念和倾听来打磨这种能力。在你的日记本中，记录当你跟随一个微弱的信号时发生了什么；更多地跟随你的直觉进行实验，并记录结果。

> **试试这个实验**
>
> 在对个人或团队进行教练时，如果你看到了一个改变他们工作方式的机会，不要急于提出改变或提供建议，而是保持感知和观察，收集更多的数据，进一步了解情况。

响应时刻

在感知之后，我们可以用敏捷教练谈话来做出响应，并遵循两条路径中的一条——"告知或展示"或者"开放和保持"。选择最适合客户和环境的路径，这就是模型中的响应能力所在。

这对随后的敏捷教练谈话至关重要。很多教练都错过了这个时刻；他们没有把它看作一个机会，有意识地引导谈话沿着最适合的路径进行。

对大多数教练来说，第一步就是知道这一时刻确实存在。我鼓励敏捷教练开始注意这个时刻。通常，仅仅注意这个响应时刻，就足以完全改变敏捷教练向客户提供教练的方式。

为了帮助你理解这一时刻，我想分享一个关于我个人的故事，其中涉及我错过了这一时刻，没有充分利用可以进行教练的机会。

我被邀请去参加一个Scrum Master的培训课程。当时，我是一家大型企业培训学院的负责人，因为找不到更好的词语描述我的职位，我被称为"主教练"。我走进满是学员的教室，立刻被讲师叫住，让我回答在"问题停车场"中的一个棘手的问题。雅基是这次培训的讲师，当我走进房间时，她对我说："尼尔，你能来真是太好了。我们刚刚讨论了一个问题，我很难给出答案，也许你能帮忙。"这时，每个人都满怀期待地看着我。

"当然，没问题。"我自信地说，我的"小我"使我表现出自信。

雅基提出了一个问题："那么，尼尔，我们想知道如何用Scrum来管理风险，我们的前项目经理对此感到很困惑。"

我毫不犹豫地回答道："风险是你对产品待办事项列表条目进行评估的一部分，无论如何，你最多只能承受两周（一个Sprint）的风险。"然后我就走开了，通过展示我的专业能力而释放出的一点点内啡肽，让我感觉很享受。

读到这里，你可能会想，这听起来是个不错的答案。这不是重点。我知道，我本可以为大家提供更多的帮助，如果我花一点时间来理解项目经理在Scrum中面临的风险到底是什么的话。我扮演了超级专家的角色，经过反思，我对自己的反应和缺乏响应感到非常失望。我甚至没有注意到我正处于选择的时刻。

好吧，现在让我来解释更多关于响应时刻的内容。假设你确实注意到自己处于"响应时刻"，你可以引导谈话的方向——横跨或纵深。"告知或展示"将谈话向前推动，而"开放和保持"将谈话向下推动。响应式敏捷教练会选择最适合客户和环境的行动；这就是"响应"的意思——在谈话流中有意识地选择"横跨"或"纵深"。

响应

从表面上看，最好的教练是利用他们丰富的经验在瞬间做出反应。然而，最令我赞叹的教练干预技术总是来自深思熟虑的响应，而不是被动的反应。永远不要害怕多花点儿时间来考虑下一步该做什么。我承认现代职场更看重速度而不是深思，但教练不应该把速度作为一个关键的绩效指标，我们不是计算机。快速找到错误的答案，仍然会导致糟糕的结果。

通常在忙碌了一天之后，当你的大脑安静下来时，你会找到问题的答案，或者从不同的角度看待问题，伟大的解决方案就会出现。遗憾的是，这种情况经常发生在事后——不再需要完美的解决方案时。而此时，教练时刻已经过去了。响应式敏捷教练的一个优势就是，当其他人都失去理智时，你能保持清醒，考虑现实情况，然后做出响应。过了教练时刻之后再去想答案可能会让人沮丧，所以你需要具备在最重要的时候（当下）提供教练建议的能力，并把它看作你的绩效指标。

这种实时响应客户问题的能力，是响应式敏捷教练模型的核心和关键。为了培养实时的响应能力，你需要有意识地忘记很多事情。习惯性的反应是培养这一能力的最大障碍,但你可以做一些事情来培养这种能力。从放慢速度开始。在行动之前暂停,可能听起来很简单,但在我们工作的这个快节奏的世界里,如果不能立即得到答案,有时会被认为不好,或者更加糟糕的是,被认为绩效很差。所以,你需要练习使用正念或简单的例行程序,来帮助你在"有趣的敏捷问题"和你的习惯性反应之间插入暂停。

响应:实用技巧和实验

培养你的响应能力的一个简单方法是"每日意图"。

通过每天反思和记录你在特定情况下的反应或你的教练谈话,你将开始意识到你做出响应和习惯性反应的频率。这里的关键是,你要对其给予关注。

作为敏捷教练,控制你的冲动是做出响应的关键。注意自己的冲动、习惯和反应,然后不要让它们控制你;相反,你要做出响应并控制自己的言行。

选择一个常规的团队教练辅导场景,并在每个工作日开始前专注于此。注意你对触发器的反应(通常是事后才会注意到的)。触发器是简单的事件或环境,它能在你体内启动一个自动的行为程序。举一个关于触发器的例子,当你在交通拥堵的情况下开车,并且必须改变车道(触发器）时，你会按常规指示操作，观察后视镜，打转向灯，转动方向盘。触发器是你的常态，所以如果你不是刻意注意，发现它们是很困难的。这就是为什么我推荐用日记来记录你什么时候做出响应而不是被动反应。写日记可以通过简单的观察来增强你的能力。同时，记下你在重要时刻（以及你错过机会的时候）的敏捷教练能力，然后努力把握更多的机会。

> **试试这个实验**
>
> 当对个人或团队进行教练时，如果你看到了一个改变他们工作方式的机会，请暂停，并注意到你有实施改变或提供建议的冲动，而不是习惯性地对冲动做出反应并立即提供建议。

行动二：告知或展示

告知或向客户展示该怎么做,是敏捷教练实施中典型的做法。这代表了我在组织中看到的大多数敏捷教练实施工作,这在大多数情况下是合适的。我看到一般的敏捷教练习惯性地告知或向他们的客户展示如何实施敏捷。典型的敏捷教练谈话和响应式敏捷教练谈话之间的区别在于,在响应式敏捷教练谈话中,教练将这一行动作为一种有意识的选择,而且是在考虑它是否能最好地服务于客户、情况及组织之后。

告知

首先,让我们把事情说清楚,大多数人不喜欢被告知该怎么做。因此,作为教练,为了确保你拥有正确的心态,我建议你将心态定位为"为客户服务"之后,再去告知。

在指导敏捷教练时,我经常开一个玩笑,主要是说敏捷"工具包"中的工具。我对他们说:"当你们在企业中工作时,不要'用你的敏捷锤子,到处敲打每个人的头'。"换句话说,尽量不要成为敏捷"警察",不要老是通过告知别人来执行敏捷的"法律"。

其次,为了告诉别人敏捷问题的答案,敏捷教练需要具备相应的知识和经验。教练在告诉客户敏捷问题的答案时会假装自己具备某方面的知识,这是我们行业中最系统化的挑战之一。同样糟糕的是,缺乏知识的敏捷教练表现得好像什么都懂。因此,在你响应"告知"这个步骤之前,请确保你提供的知识和专业技术与你的经验相符,不要夸大对自己观点的信心,要保持谦逊。

每当我听到"这不是敏捷"这句话时,我总是感到很尴尬。这句话强调了构建"告知"能力的最大风险——成为一个教条式的敏捷主题专家,过分强调流程的实施。响应式敏捷教练模型是我降低这种风险的方法,因为它提供了选择,而不是一味地告知人们该怎么做。当然,有时告知也是必需的，所以让我概述一下告知的最佳方法。

"告知"的秘诀是知道如何及何时这样做。在讨论如何使用"告知"这一步骤时，很多内容都可以总结为我所说的咨询技巧。建立融洽的关系、管理个性、施加影响，以及处理复杂的问题，都是咨询师工作的一部分。本书不是关于咨询的，所以我不打算详细讨论这些话题，而是将重点放在敏捷教练如何执行"告知"步骤的几个关键技巧上。

一个简单易行的方法是提供建议，而不是把你的意见强加于人，从而"软化"你在告知人们时的态度。当然，有时候需要更强硬的手段，你要态度明确，这对于刚开始实施敏捷的团队和在问题紧迫的时候，是尤其重要的。因此，我的建议是练习调整你对如何实施敏捷的建议（告知）的"坚定"程度。我发现有些教练很难做到坚定，而有些教练则过度坚定，平衡是关键。我很少画一条"红线"，让客户执行我所谓的硬性告知——做吧，没得商量！但有时我也会这样做，通常是当团队的行为给其他人带来麻烦时，或者他们没有足够的经验来判定什么是正确答案时。

在告知行动中，"何时"和"如何"同样重要。我发现提供建议的最佳时机是解决正在发生的问题时。一个更好的"告知"机会是，当客户已经尝试了他们的想法或解决方案，但没有成功或使问题变得更糟时。在不持有"我早就告诉过你了"的态度的情况下，你就可以直接或间接提供不同的方法（这是你"告知"的机会）。有时，教练的工作是"让火车撞墙"，等待客户的想法失败后，再提供或告诉他们你的解决方案，但我一般会非常谨慎地使用这一策略。

当然，告诉客户你的建议的最佳时机是在客户提出要求之后，有时这意味着你必须耐心地等待客户解决问题，直到时机成熟，他们会向你寻求帮助。当他们准备好要问的时候，你需要出现在那里。

告知：实用技巧和实验

下次，当你看到一个清晰的、明确的"坏"想法被辩论或讨论时，要练习果敢地进行告知。最近，我在教练一个团队，他们在Sprint评审之前进行Sprint计划。这是我最近使用"告知"步骤的一个很好的例子。

项目经理对我说："让我们看看团队想要做什么。"

我说："不，把计划安排到Sprint结束之后，试图在Sprint的最后一天计划工作是没有意义的。"你知道他们为什么这么做吗？因为可以订到会议室。

关于何时"告知"团队的其他例子，可能包括：

- "我们真的需要回顾吗？我们在这个Sprint中不能跳过回顾吗？"
- "我把这个用户故事分配给你。可以吗？"
- "产品负责人估算一个故事需要多少开发工作量。"

当你告诉客户如何实施敏捷时，友善是很重要的，不要表现得像敏捷警察那样。要以服务和帮助客户为导向，并在告知客户前采用这种心态；这有助于使你的建议听起来更"柔和"。你要练习在向人们提供建议时态度坚定，试着为客户提供你的想法，只是偶尔（非常）坚持一种实施敏捷的方法。挑选合适的时机提出建议，并考虑在给客户提供答案之前让他们经历一下失败（只是一点点）。但有时候，有果敢的态度是最好的，所以……

> **试试这个实验**
>
> 当看到一个明显不理想的做法或想法时，你要表现得果敢，告知个人或团队应该怎么做，而不是提出建议或意见。

展示

你可能听说过"告诉我，帮助我，让我来"这句话。意思是敏捷教练首先向客户展示如何进行敏捷实践，然后与他们合作，帮助他们进行实践，最后让客户在敏捷教练的监督下独立地进行实践。告知或展示中的"展示"步骤，就是这样使用的。作为教授客户如何进行敏捷实践的一部分，首先由教练进行示范。

我相信，任何提供敏捷教练服务的人都一定在某个时间点上做过"告知或展示"的事情。这意味着所有的敏捷教练在给他人"展示"如

何做之前，自己也应该接受过教练，并且其他教练也做过示范。换句话说，在你和有经验的人一起练习过做某件事之前，不要向客户展示如何去做这件事。通过与导师合作，你将有机会看到如何（正确地）实施敏捷。然后，一旦你熟练掌握如运行Sprint回顾的方法，你就可以向别人展示如何去做。

遗憾的是，有很多人在向别人展示如何实施敏捷时，自己却没有做过——缺乏团队工作经验的专业培训师就是一个例子。要始终与有经验的实践者合作，学习如何实施敏捷。

向客户展示如何实施敏捷，通常是常规的敏捷教练实施方法的一部分。新的敏捷团队在开始自己的旅程时，通常希望提供敏捷教练的人向团队展示如何实践敏捷方法和实施敏捷流程。所以，不要躲在团队的身后，而要介入并向他们展示如何实施敏捷，这将加速敏捷的采用。

一个技巧是确保团队不依赖你为他们实施敏捷。存在一种明确的迹象，表明团队依赖你为他们实施敏捷，那就是当教练不在时，团队不再进行敏捷实践了，而退回到以前的习惯。使用"展示"步骤的一个好方法是，定期介入、展示，然后退后观察团队，甚至让他们在几天或几周内经历失败或犯错。通过让团队在你示范之后再次尝试敏捷实践，他们就可以利用回顾来检查自己的进展，并提出改进建议。

展示：实用技巧和实验

通过介入并向团队展示答案来示范如何实施敏捷，这是敏捷教练的一项重要实践。这对你来说可能很自然，但对有些教练来说，他们发现很难走到团队前面，站在舞台中央，向大家展示答案。所有的Scrum仪式、团队工作协议的创建、计划、评估，以及用户故事地图等实践都是展示敏捷工作方式的机会。一个好的敏捷教练要有很好的展示能力。

> **试试这个实验**
>
> 当看到团队在努力理解你所说的或所建议的内容时,你只需向他们展示或直观地表达你的想法,而不是口头解释你的意思。

行动三:开放和保持

如果横跨路径和"告知或展示"的行动是典型的敏捷教练谈话的常态,那么"开放和保持"的行动和纵深的路径就可以被认为是特殊的或非典型的状态。该模型中的"开放"步骤表明谈话的开放性,因此它比简单地"告知或展示"更加深入。使用模型的这一步骤,需要教练能够以开放的心态与客户进行交谈(把自己的意见放在一边),处理自己的情绪,以便为客户的想法和感受留出空间。

一旦教练开启了谈话,他们就会"保持空间"。"保持空间"意味着不在客户面前滔滔不绝，不发表意见，不评判客户所分享的内容。通过保留你的"东西"，这可以让客户毫无担忧地表达他们的想法和感受。教练给予客户空间，让客户表达想法、感受和意见，这样可以支持共同创造新的、更好的工作方式。

开放

"开放"步骤指的是在你提供教练时，将谈话转变成对话（讨论而不是辩论）的能力。这种能力通常是最难培养的能力之一，因为在你学习如何使用本书所述的模型时，需要同时摒弃旧有的习惯。

开放是指打开你的思想和心灵，客户也因你的开放而开放。作为教练，如果你能够抛开自己的想法，并提出一些引发客户反思和反省的问题，你将能够成功地执行此步骤。

为了鼓励自己进行更多的"开放"对话，成为更开放的人，要表现出脆弱的一面，放下你先入为主的答案，并在与他人交谈中展示出来。建议你写个简短的声明，帮助你朝着这个方向努力。在一天的开始，你把它写在一张便笺纸上，放在你的桌子上，作为一种提醒，帮助你进行一天中的所有互动。它的内容可以是这样的：今天，我将在提出我的想法之前，对别人的想法感到好奇。

这种提醒是很有用的，我一直都在使用，以支持我作为敏捷教练对自己的定位——特别是当我知道要与曾经"触发"过我的人会面时。

提高你的开放空间能力的最好方法是，用真正的对话进行练习；可以是与客户的对话，也可以是与你的导师之间进行的角色扮演。一旦你开始将这些类型的对话纳入你的生活，你就可以跟踪你在一天中执行"开放"与"告知"或"展示"步骤的百分比。

你越是尝试"开放和保持"对话，你就越能看到更好的教练结果。为什么？因为你现在有能力对客户的需求做出响应，而不是用你的答案或意见做出反应。这创造了一个积极的反馈循环；有更高比例的"开放和保持"对话，不仅使你的工作更加充实，而且为客户和组织提供了更好的结果。这是一个三赢的局面。

开放：实用技巧和实验

这一步与你的响应（而不是反应）能力密切相关。为了开启谈话，你需要能够忍住将答案直接告知客户的冲动。这往往是说起来容易做起来难。因此，这也是一种练习。

尝试使用书面笔记，以支持你在面对客户时更加开放和好奇。

下面有一个可以遵循的简单方法。

1. 当你开始一段教练谈话时，注意你在响应情况时采取了哪种行动。你是选择"告知或展示"还是"开放和保持"并不重要，只要注意采取了哪种行动就行。

2. 继续做，每天都这样，然后在一周后停下来查看"告知或展示"与"开放和保持"谈话的百分比。

3. 给自己设定一个百分比目标，也许是两种行动各占50%。通常情况下，教练开始时与客户的谈话几乎100%都是"告知或展示"，但随着时间的推移，教练开始转向更多的"开放和保持"谈话。

4. 在你的笔记中反思这个练习，看看它是如何影响你的工作生活质量和你的教练成果的。

5. 与你的导师或同伴合作，讨论并提高你的能力，以便更经常地以"开放和保持"谈话方式做出响应。

> **试试这个实验**
>
> 当你选择"开放和保持"而不是"告知或展示"来引导谈话时，以同理心对待他人，保持开放的思想和心灵，并通过问对方"你的想法是什么"来寻求理解。然后，真诚地、深入地倾听，不带有评判、预先确定的观点或偏见。

保持

如果要开启并进入谈话，那么你现在需要做的就是保持这个空间，不要让你的观点出现（在这个空间里）。这比听起来要困难得多。

"保持"这一步代表了响应式敏捷教练模型中最难的能力之一。保持空间需要深入的倾听技巧、高度的自我觉察，以及为客户保持心理安全的自律（不评判是关键）。我所说的自律，是指在不需要引入你的想法或挑战客户的想法时，就不要这么做。如果你要保持这个空间，那么你就不能与客户争论谁的想法是正在考虑的敏捷问题的最佳答案。

培养你保持空间的能力的最好方法之一，就是保持沉默和一定的谈话节奏。最近，我主持了一个Meetup社交活动，在活动中，我在45位敏捷教练面前演示了一个即兴的教练谈话。它包括两场角色扮演。在第一场中，我使用了"告知或展示"的行动。教练们将观察到的内容写在即时贴上，并讨论谈话的要点。然后，我使用"开放和保持"的行动，进行了第二场角色扮演。教练们重复刚才的过程，写下他们观察到的内容。

两者之间的差异很明显，但观察都是通过保持沉默、停顿，以及一定的谈话节奏进行的。我进行第二场教练谈话的方式似乎更慢，更加尊重客户，并考虑他们的经验和需要。

培养你的"保持"能力，你可以随时练习，而不需要仅仅在敏捷教练谈话中练习。感受一下自己回答问题的节奏，并在考虑某人刚刚说的话时暂停一下；这个停顿会改变谈话，因为对方可以察觉到你在尊重交流空间，以及其他人在其中投入了什么。从本质上讲，这种能力就是要求你比平时多忍耐一点，从而来控制自己的思想和行为。

保持：实用技巧和实验

优秀的敏捷教练知识渊博，但优秀的敏捷教练知道什么时候应该隐藏这些知识。在"保持"这一步中，响应式敏捷教练会将隐藏知识所需的自律与非评判性地倾听客户相结合。这是保持的真正秘诀，你需要阻止内心的"评判者"占据你的思维或潜入你的教练谈话中。

在谈话过程中放慢速度，不要主动提出你的想法和意见，练习这一点，并记录在你打开空间后是如何成功地保持空间的。

与你的导师或同伴进行角色扮演，练习在谈话中使用沉默。我将在本书的第3部分为你提供更为详细的内容。

在生活中的其他方面练习"保持"步骤。通常情况下，这很简单，就是在别人说完之后一两秒内不说话（或不形成自己的意见）。

> **试试这个实验**
>
> 当与个人或团队谈话时，你不要急于给出自己的意见，而要不做评判地听取对方的意见，保留自己的意见。

行动四：等待然后共同创造

等待，然后共同创造

就是它了！！

如果需要，敏捷教练谈话可以深入探讨为什么要采用敏捷。在这一行动中，教练会放慢谈话的速度，适当保持沉默，向客户提出问题，引发客户的反省和思考。在"等待"这一步骤中，教练在提出恰当的问题后保持沉默，等待在沉默中将出现什么。通常会出现一些迹象和信号，表明客户已经准备好，并愿意开始与教练共同创造更好的工作方式。

这一切现在听起来很抽象，有点儿"离谱"，但请你相信我，当我带你学习本书第3部分时，这一切将变得更有意义。不过现在，让我们通过这个行动中的每个步骤，更深入地了解这一点。

等待

为了培养你的"等待"能力，你需要在教练谈话中留有充足的时间，让你和客户放慢脚步，并反省工作中发生的事情。即使只能争取到与客户交谈几分钟的时间，你也可以利用这个机会来练习你的"等待"能力。

一个简单的方法是，当你向客户提出一个开放式问题时，如"你认为公司的发展方向是什么"，要为客户留有更多的时间来思考。在客户思考答案的同时，你也需要通过思考引导自己（你依然需要保持好奇）关注正在出现的东西，然后深入倾听客户所说的话。

在短暂的停顿中，你正在构建暂停和等待的能力。处于这种准备状态之中，你往往会看到新机会（以不同的方式工作）出现的迹象，这就是提出问题，然后保持沉默的结果。

有一个明显的迹象，表示你已经进入了"等待"步骤，那就是客户经过很长时间的思考才开始回答你的问题。这表明你在打开和保持空间时问了很好的问题。你已经促使客户开始反思。

有一次，我在教练一家医疗保健公司的领导，他是一个非常安静和内向的人，很难敞开心扉，深入交谈。我和他进行了1小时的一对一教练，在此过程中我用了平时两倍的时间来谈论而不是倾听。但此次教练谈话的不同寻常之处在于，我在"等待"步骤中花了大量时间。我会问一个简单的问题，比如："当不得不面对那场情绪化的谈话时，你感觉如何？"然后我在接下来的一两分钟内保持沉默，我知道这是我能够最好地服务于这个客户的方式，所以我坐在那里准备好了——开放、支持，以及好奇。

我与这个客户进行了12次教练谈话，我认为与这个客户的合作是我有史以来最没有成效的教练工作。

直到三年后，我收到这个客户的电子邮件，他现在已成为一名高管。他刚刚换了一个新的角色——一家大型机构的CEO。他希望我加入，与他的领导层团队合作，帮助他们学习和成长。他提到了我们在教练谈话中一起度过的那段时间，以及他从我们的合作中获得的价值。

我从中的收获是，"等待"步骤的价值能够被客户感知。作为教练，你可能看不到或体会不到这种价值。通过开放和保持空间，然后等待，你是在为客户服务，即使你并不能总是会看到或体会到这种价值。

等待：实用技巧和实验

在良好的教练谈话中会发生一些神奇的事情，它们发生在与"等待"步骤相关的沉默中。客户以某种方式从他们原来的位置跃升到一个

等待……

新的世界，他们有了新的、更广泛的、更开放的选择。这很神奇，每次都能让我大吃一惊。

遗憾的是，我不能非常清楚地解释"等待"步骤，它是经验性的，如果想要完全理解，就需要实践。所以，请和有经验的教练一起练习这个步骤。你也许认为它在你练习时没有产生价值，但它确实产生了价值。培养你的等待能力，将沉默与正确的问题结合起来，然后注意当下正在发生的事情。监测自我能力发展的最好方法是，再次记录下你如何及何时使用这一步骤，并记录结果，以及你在使用等待时的反思。

> **试试这个实验**
>
> 当教练客户时，你要有目的地放慢谈话速度，使用额外的停顿和沉默，不要用你的想法或意见来填补沉默。

那是很有价值的！

共同创造

当客户意识到你不是在告诉他们该怎么做而是想和他们一起合作，共同创造解决方案时，他们的反应是惊人的。我认为这是令客户非常惊讶的，因为在现代职场中，人们很少会这样做。每个人似乎都希望自己的想法或意见被认可为答案，人们希望把提出解决方案的功劳归于自己，并提高自己在组织中的地位。因此，当一个教练来到他们身边，提出共同创造解决方案时，这会让客户感到惊讶。

作为敏捷教练，你的工作是真实地提供共同创造的机会。如果你做到了这一点，客户就会做出相应的响应，并帮助创建一条采用敏捷的道路。如果你不真诚，那么客户很可能通过直觉感受到这一点，谈话会因此而中断。一旦谈话中断，教练将不能再保持这个空间，也就无法实现共同创造了。

我建议你直截了当地要求客户与你合作，并在你的提议中表现出真诚。这是推动谈话走向行动的最佳方式。这是一门艺术。如果过早地要求客户推进共同创造，他们就会感到被逼无奈；如果你提出要求的时间太晚，谈话就会停滞不前或毫无进展。记住，作为敏捷教练，你的工作是实施更好的工作方式，而不是仅仅进行深入的谈话。因此，练习"共同创造"这一步对你来说非常重要，它会让你真正成为变革的推动者，而不仅仅是适合聊天的人。

共同创造是迭代的，应该从小的变化开始，尝试改变工作方式。你可以与客户直接进行头脑风暴，而不必担心创造出的新型工作方式是什么样的，没有必要将这一步过度复杂化。只要记住，这一步是在"开放和保持"行动之后进行的，所以要确保空间首先被打开（我会在第3部分中告诉你如何做到这一点）。

重要的是，在敏捷教练谈话中尽可能地涉及行动，通过一个小而安全的第一步来改变工作方式。当然，如果你在一次谈话中实现这一点，那也没关系。敏捷教练通常通过一系列的谈话来实现其目的，但有经验的教练可以在5~20分钟的谈话中，让客户从"开放和保持"转变为"共同创造"。有时这是不可能的，教练必须"回来绕"几次以结束谈话，并嵌入一个更好的工作方式。我在这里提出这点，是因为当你练习和培养自己的能力时，不要觉得你必须达到这一步，让客户同意共同创造的前进方式。你要努力争取实现这一点，但随着你不断学习，如果不能在一次谈话中完成整个"等待然后共同创造"的行动，——你也不要太失望。

共同创造：实用技巧和实验

如果你已经很好地完成了前面的所有步骤，那么共同创造似乎就水到渠成了；但重要的是，要真正行动起来，并在谈话中明晰前进的方向。你需要练习将谈话推向共同创造的步伐；你需要把握合适的时机，这只有通过练习才能学会。只要问一些简单的问题，比如："鉴于我们所讨论的内容，我们可以一起做些什么，以帮助改变我们的工作方式？"

像往常一样，将你进入和走出"共同创造"的这一能力记录下来，这是监测你能力发展的一个有效方法。

> **试试这个实验**
>
> 当进行教练谈话时，在共同创造的过程中提供（而不是告诉）你的想法，以得出一个共同的答案，而不是把你的想法作为答案。

一个终点

我学到了什么

嵌入

响应式敏捷教练模型的所有行动都以最后一个步骤结束——嵌入。无论前面的教练情况如何，敏捷教练都应该将变革嵌入其中，使其"扎根"。当教练结束与客户的合作时，最好的结果是工作系统会不断地自我学习和改进。不管教练利用了"横跨"路径还是"纵深"路径，这就是嵌入的目标。

嵌入

嵌入一词的定义说明了一切。

将目标物体深深地固定在周围物体中。

敏捷教练的工作是将工作方式牢固而深入地固定在周围更广泛的业务中。目标物体是团队的敏捷工作方式，周围物体是更广泛的组织。或者说，目标物体是个人，周围物体是他们所处的敏捷团队。

对组织变革管理方法进行研究，超出了本书的范围，但我确实想谈谈关于将变革嵌入组织的一些研究。经过对组织内部实施实践创新的研究，我得出了以下结论，有三个决定因素有助于将变革坚持下去。

1. **个人心理**：帮助个人改变行为和思维方式。

2. **社会**：让团队对商定的规范和行为负责。

3. **结构化的流程**：实施敏捷框架和相关流程。

我用粗体表示作为敏捷教练我们如何将改变（实践创新）嵌入工作方式中。我将在本书的其余部分对上述每个因素进行更多的描述，但我现在想说的是，如果你想正确执行"嵌入"步骤，这三个因素都是必需的。

检查工作方式是否已经"卡住"（完全固化）是很重要的。在个人的微观层面上，这很容易做到，只需要不断地观察这个人，尤其在压力下观察他的行为是否有变化即可。"嵌入"步骤完成的一个可靠标志是当教练不在现场时所发生的情况。作为教练，你需要建立来自其他人的反馈渠道，当你不在现场的时候，这些人可以给你提供真实的信息，让你知道客户的行为是否符合敏捷的工作方式。这些反馈渠道让你知道你的工作何时完成，以及"嵌入"的步骤是否完成。

但是，当你教练一个更大的工作系统时，完成"嵌入"步骤就比较复杂了。虽然对我来说，这个步骤最容易解释，但也最难确保发生。"嵌入"做得很好的一个例子是五年前我启动的一个规模化敏捷团队，他们采用了新的工作方式。我招聘了一位敏捷教练，并将我的教练角色移交给了他。在随后的6个月中，我继续对他进行指导，偶尔还会回来看看，甚至不时地给他提供一些支持。然后，这位敏捷教练又把这个角色移交给了另一位敏捷教练，我也帮助他招聘、培训和指导。在接下来的一年里，我们都支持这位新教练。这个规模化敏捷团队仍然在运行，并不断改进他们的工作系统。这是一个很好的例子，说明了为敏捷团队嵌入工作方式的改变所需要的工作。

有时候，在某个业务领域完成教练之后，你还会回头查看教练效果，我们称之为"教练回访"。我的观点是，如果你在某个业务领域做了教练，只要你在组织中工作，你就永远不会真正离开该业务领域。保持与该业务领域的连接和关系，并与支持该工作方式的教练或Scrum Master保持联系，这应该仍然是你的责任，即使只是每3个月一次的简单的电话联系。这不仅是嵌入变革的好方法，而且能保持你的网络和关系的健康与牢固。

嵌入：实用技巧和实验

养成教练回访的习惯，不要在正式完成教练后就离开。要为你的客户建立反馈渠道，这样的话，即使当你不再向他们提供教练时，也可以对其行为进行跟踪，看看改变是否已被嵌入。

> **试试这个实验**
>
> 在你与团队或个人构建了一个新的实践、行为或仪式之后，2周后回头看看它是否已经被嵌入，而不是继续你的下一次教练，并忘记你过去实施的教练。

本章小结

- 响应式敏捷教练模型有两条路径——"横跨"和"纵深"。
- 响应时刻是敏捷教练选择如何引导谈话的一个决策点。注意，这一时刻是变得更有响应能力的重要第一步。
- "横跨"路径代表了传统的敏捷教练方法，即向客户"告知或展示"如何实施敏捷。"纵深"路径代表了敏捷教练中较少使用的方法，包括"开放和保持"空间，进行更深入的谈话。

- 两条路径都以"嵌入"新的工作方式结束。
- 响应式敏捷教练模型有四个"行动"和八个步骤——"感知然后响应""告知或展示""开放和保持""等待然后共同创造"。
- 响应式敏捷教练模型借鉴了"U型理论"和 Presencing Institute 中的概念。

第3部分
如何实施响应式敏捷教练

在第3部分，我想带领大家了解如何真正地进行响应式敏捷教练谈话。我尚未看到有人将如何实施敏捷教练记录下来，更不用说如何实施响应式敏捷教练了。我希望揭开这个过程的神秘面纱，并为初学者提供支持，这样他们现在就可以开始实施敏捷教练了。过去，只有专家、有经验的敏捷实践者才能实施敏捷教练。我写本书的目的是将提供敏捷教练服务的工作进行"开源"，让它成为每个人都能做的事情，无论你是变革推动者、领导者、Scrum Master、项目经理，还是业务分析师。

第 6 章 如何进行谈话

通常，敏捷教练谈话基于差异或差距。客户正在寻求问题的解决方案，或者他们有一个问题需要回答，又或者，组织存在差距——人们当前的工作方式与期望的未来工作方式之间的差距。

在敏捷教练过程中，"问题"是一个重要的元素，它有助于缩小或解决我们现在的工作方式与我们期望的工作方式之间的差距。

本章其余部分的重点是学习如何以及何时提出哪种类型的问题。在为你提供一组指导性问题之前，我们需要花点儿时间来了解一下在敏捷教练过程中可能发生的四个层次的谈话。你需要了解你在任何时刻与客户进行的谈话类型或层次，这有助于指导你在谈话中接下来要问什么问题。

谈话的四个深度层次

当你的专家意见或想法不是正确的答案时，或者当它只是你和客户一起发现正确答案的一个步骤时，那么谈话就需要深化。让谈话"继续下去"的关键是提出正确类型的问题，然后以不同的方式倾听。

Presencing Institute 已经对这一领域进行了十多年的研究，通过他们的工作，发现了包括敏捷教练在内的变革推动者如何通过四个不同层次的谈话为个人、团队、组织及社会带来变革。以下是对这四个层次谈话的总结。

1. 下载：这个层次的谈话等同于传统的单向培训，将知识传授给接受者，让他们"学习"。这就是"告知或展示"行动的结果。想想学校里的孩子背乘法表。使用计算机的比喻，下载意味着把一个应用程序或新数据放到一个现有的操作系统上。敏捷教练在这个层次上进行谈话，为客户提供知识或过程指导，而不需要客户从根本上改变他们的运作方式（他们的思维方式保持不变）。

2. 辩论：相当于个人为自己的立场或想法辩护。这个层次的谈话的最好说明是，专家级的敏捷教练在与产品负责人谈话时，无法就如何对团队的待办事项列表进行估算在理论方法上达成一致。

如果教练尝试"告知或展示"的行动并遇到阻力，他们会发现自己处于辩论之中。每个人都认为自己的观点是事实并坚持自己的立场。当然，健康的意见分歧是有益的，但关于工作方式进行争论是有风险的。与其就敏捷理论进行抽象的谈话，不如使用改变之后的工作方式先完成工作，然后再讨论如何更快地交付价值。考虑到敏捷辩论的风险，我建议教练在这个层次上进行谈话时，尽快将谈话移到第3个层次。

3. 对话：在这个层次的谈话中，所有参与者都会反思他们看到的事实及他们对情况的感受。这一层次的谈话是执行"开放和保持"行动所需要的。随着谈话进入对话，各方开始考虑自己的行为如何在更广泛的工作系统中发挥作用。在对话中，每个人都从自己就是这个观点本身（being）转变为自己持有这个观点（have）。想象一下，领导者和敏捷教练正在讨论加快报告进度的最佳方式，每个人都从自己的角度为对话做出贡献，从而创造一种满足所有人需求的前进方式。在这个层次上，教练的任务包含两方面：

- 重新审视事实，根据更大的视图和系统考虑自己的观点，对对方的观点保持开放（有一个开放的心态）。
- 帮助客户拥有一颗开放的心，与谈话中的其他参与者能够产生共鸣。在某些情况下，谈话需要进一步深入，客户会对改变工作方式的意义或目的寻求理解。这时，第4个层次的谈话就开始发挥作用了。

4. 集体创造：这一层次的谈话涉及每个人都有一个实现的时刻，能够共同创造新的可能性，每个人离开谈话时都与他们进入时有所不同。第4个层次谈话的结果是参与谈话的人在"自我"和/或"目的"上的转变（开放的意愿）。新的洞察力重塑了每个参与者对于谈话主题的看法。在这个层次的谈话中，教练的任务是"保持空间"，让客户感觉到自己被充分倾听和感受，这一空间也允许客户提供反思。教练只是通过将自己的专业技能排除在谈话之外来保持空间，在提出正确的问题的同时保持沉默。

流经四个层次的谈话

在下一页的图中显示了敏捷教练是如何通过谈话跨越四个层次，来实现嵌入更好的工作方式的教练成果的。让我解释一下整个过程，以及为什么和什么时候教练会把谈话"往下深入"。

一般来说，敏捷教练通常会进行第1个层次的谈话，客户提出问题或请求帮助，教练用知识回应（告知）或向客户展示如何实施敏捷。然后，教练可以通过重复这个循环来嵌入学习，直到客户理解或胜任工作。这是我们在书中前面提到的"晴天故事"场景。

但谈话可能会转到第2个层次。如果客户拒绝了教练的建议，谈话可能变成一场关于"正确"答案是什么的辩论。

当客户对教练的建议有不同的看法，或者教练认识到共同创造的工作方式是最好的选择时，就会采取"纵深"路径，并执行"开放和保持"行动。当辩论（第2个层次的谈话）发生时，一个有能力的敏捷教练不会试图赢得辩论，而是会与客户合作，迅速进入第3个层次的谈话（对话）。

当谈话"下移"到第3个层次时，教练会小心翼翼地提问，确保客户感到安全，可以对他们看到的事实提出不同的看法，或者在谈话中探索他们的情绪。客户和教练都开始考虑放弃自己的想法（教练带头），致力于共同创造一个更好的工作方式。有时候，谈话需要比单纯的对话更深入，不仅包括我们的工作方式或流程，还需要讨论我们为什么工作和我们是谁。当需要这个层次的谈话时，教练将与客户一起进行第4个层次的谈话（集体创造）。

在第4个层次的谈话中，对于谈话的参与者来说，事情可能变得个性化。价值观、信仰、长期坚持的真理，以及相关的习惯和行为都会被讨论。敏捷教练帮助客户在转向敏捷工作方式的背景下考虑这些问题，结果是谈话对象的观点发生了重大转变。在第4个层次的谈话中，参与者将感受到谈话氛围的变化，因为他们将共同发现新的目的或自我意识。并不是所有的谈话都需要这样，但是当服务于客户时，有经验的教练可以达到这样的水平。

在第7章中，我将介绍响应式敏捷教练模型中的每个步骤，并对每个层次的谈话所需的问题类型进行指导。

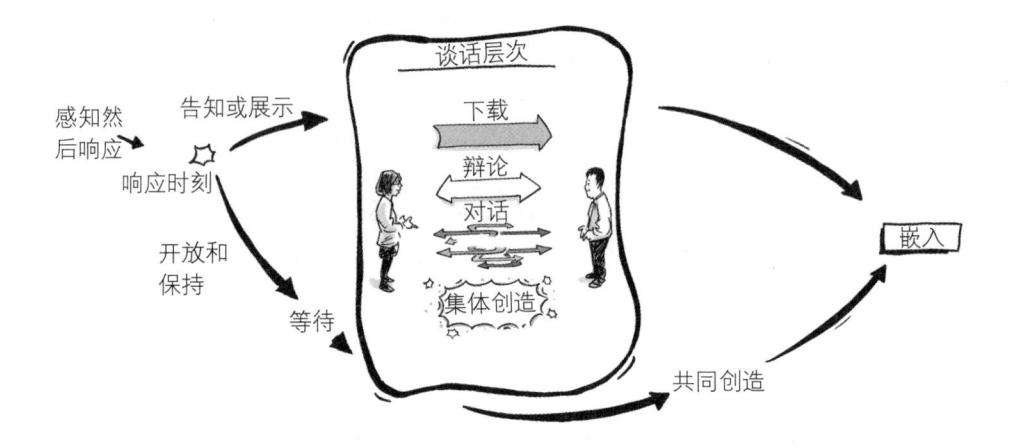

本章小结

- 响应式敏捷教练模型描述了教练应该能够引导的四个层次的谈话。
- 下载是指为客户提供信息或新技能，而客户不需要改变思维方式。
- 辩论是指客户和教练就敏捷工作方式的想法进行争论。教练试图通过这一层次进入对话。
- 作为敏捷教练，对话是本能的谈话方式，他们总是试图回到对话中去，这是思想交流发生的地方。
- 集体创造是一种深度的谈话，通过谈话发现新的目的或自我意识。

第 7 章 感知然后响应

这个步骤在敏捷教练谈话开始之前就已经开始了。这一步中的大部分活动都发生在教练的内心世界——思想、心灵和身体——在他们开始与客户交谈之前。

在本章，我将概述可能看起来是按特定顺序发生的一系列单个的活动。然而，请理解，这些活动不会以线性、顺序的方式发生。在"感知然后响应"这一步中，事情可能同时发生，或者以与我在这里介绍的不同顺序发生，这没有关系。当阅读时，你只需将本章的各个标题视为在"感知然后响应"这一主题下相互关联的独立思想即可。

感知：对系统进行扫描

敏捷教练应该捕捉那些表明有机会进行教练的迹象或信号。这可能是对个人的语言或行为、团队的表现，或者在一个更大的工作系统下的工作流程等的观察；这些迹象是教练的"行动感召"。

教练通常位于团队的一侧，提供支持和进行观察，并促成工作方式的改变。这使他们能够客观地观察系统，因为他们不在系统内部。尽管有时教练在团队中工作是很有用的，尤其是在向敏捷转变的开始阶段，但教练应该尽量与团队保持一定的距离，并具备观察系统的能力。因此，我给你的第一个"如何去做"的建议是，与你所教练的团队保持一定距离。

从这个角度看，教练会进行系统扫描，等待事件的发生，或者等待客户提出请求帮助，或者等待提供教练的机会，这时，教练谈话才会被"触发"。

开始教练谈话的触发因素

让我们来看看敏捷教练谈话的触发因素。在持续的工作过程中，我一次又一次地注意到三个触发因素重复出现，向敏捷教练发出信号，表明他们该"上场"了，是时候站出来发挥作用了。

1. 一个事件：教练被一个特定的事件（有计划或无计划的）召唤，需要就工作方式提出建议。例如，一个新的团队或项目/项目集的启动。

2. 一个提问：有人要求教练做、说或者展示与工作方式有关的东西。开始教练谈话的最好方式是在请求你的服务时（你获得明确的教练许可）。我们喜欢这种触发方式。

3. 一个机会：教练看到、感知或凭直觉认为存在改变工作方式的机会。这个触发点可能让教练感到沮丧，尤其是初学者，因为你没有明确的许可参与进来，但你看到了一些没有优化的工作方式，并相信如果换一种方式做事是有价值的。这里的挑战是，在提出你的想法和意见时不要显得"咄咄逼人"或具有破坏性。优秀的教练能很好地做到这一点，并且知道正确的时机。

一个事件

教练正在感知

事件

教练被影响

一个提问

你能给我们一些建议吗？

新项目新团队

一个机会

好的，让我参与进来

我看到有一个机会，可以改善我们的工作方式……

你真的可以吗？

专家、理念、响应而非反应

我在指导许多敏捷教练的过程中注意到，初学者普遍依赖触发因素1和触发因素2，而错过了与触发因素3相关的大部分因素。这种情况在与组织中的高层人士合作时尤其普遍。初级敏捷教练听到"领导"的要求后，迅速做出反应，不问其目的就去做，他们错过了影响领导行为改变的机会。初级敏捷教练的感知能力也有待提高，所以他们不能像有经验的教练那样看到机会，或者他们看到了机会，但没有信心站出来参与谈话。我们将在后面讨论如何提高这种能力。

当教练被触发采取行动时，他们会受到影响，这可能导致教练的自动反应——通常是以牺牲客户的需求为代价的。让我们迅速停下来，考虑一下当你被触发采取行动时，如何管理你的"自我"。

你受到了影响

当触发因素预示着教练谈话的开始（或有可能进行谈话）时，你就会受到影响。换句话说，当你感知环境时，你会受到外部因素的影响或被触发。

作为敏捷教练，当你被触发采取行动时，常见的影响方式包括：

- 你开始给自己讲故事，以帮助解释情况。
- 你的身体有了反应，你紧张起来，或者血压升高。
- 你感觉到自己的情绪，如沮丧、好奇、热情或兴奋。
- 你有意见、想法或解决方案，或者想出做什么的一些办法。
- 你的直觉向你发出信号。

教练面临的挑战是注意到其中任何一个或所有这些，并确保它们不会导致无益的、反应性的行为。教练的目标是保持专注于为客户服务的方向，避免让自己的情绪或想法以一种无益的方式进入谈话中。换句话说，敏捷教练必须有意识地做出响应，而不是习惯性地对触发因素和任何相关影响做出反应。

一旦"教练机会"时刻到来，你的反应或响应将大大影响接下来的教练谈话的质量。正是在这个时刻，你的个性和相关特质想要走捷径来获得结果（遵循习惯）。你的常规反应是，你在一生中所学到的且已经得到的回报的东西，可以确保你以前的、常规的习惯被调动起来，从而产生你认为可预测的结果，你也将从中得到回报。我稍后会解读习惯是如何工作的，现在，只要意识到这些自动的习惯性行为可能并不总是为你的客户服务的即可。

敏捷教练这个角色需要新的习惯，而这些习惯有时与教练的常规习惯相悖。简言之，能够把敏捷教练做好，需要教练成长和发展。这在任何领域都是很典型的，因为在你的职业生涯开始的时候，那些帮助你的习惯，往往在你的职业生涯成熟的时候不能为你所用。响应式敏捷教练所需要的新习惯，是在需要做选择的时刻采取不同的行动，我把它称为响应时刻。如果不注意，你可能会错过它；幸运的是，关于如何确保你注意到这个重要时刻，我有一些建议。

你的第一个动作：停止

如果你是一名响应式敏捷教练，当你被触发进入教练谈话时，你的直接行动是暂停（什么都不做），即使只是一瞬间。在这个停顿中，你要在触发因素和接下来发生的事情之间创建一个缺口或空间。通过创建这个空间，你可以保持你的响应能力，避免陷入被动的习惯性反应。以下是一个建议的顺序：停下来，观察，考虑，再多观察一些，然后针对问题进行提问。

我正处于
教练谈话　　停止　　　　　针对问题
之中　　　　　　　　获得许可　进行提问　　感知
　　　　　　暂停

然后回应（让我们出发）

针对问题进行提问是一种偷偷摸摸的方式，可以在你做出最佳响应的时候，把空间扩大到更大。我建议你首先在自己的头脑中"针对问题进行提问"，然后在适当的情况下与客户一起探询。稍后，我会给你一些问题的例子，但现在，请停下来观察，并将其作为你的第一响应。

确定你的服务意图

在做出响应之前，也可能是正在响应之时，敏捷教练应该调整自己的定位，为教练谈话做好准备。确保自己拥有正确的心态是很重要的。有一个通用的敏捷教练定位，我可以把它推荐给敏捷教练们。

将自己定位为"为客户和组织服务"，听起来很简单，但这是响应式敏捷教练的一个重要方面。我将在下面的章节中解释其背后的科学原理，并将带你进行一次实际的谈话，但在谈话开始之前，首先要确定你的意图，为现场做好准备。

这就是我所说的定位的意思。让我们先看看字典里是怎么说的："相对于指南针或其他指定位置的点对齐或定位（某物）。"

敏捷教练的"指南针"应该设定为"服务客户，同时忠于组织"。

组织

服务客户，同时忠于组织

客户

组织的目标和客户的需求构成了敏捷教练的"指南针"，教练们要与之对齐。检查一下自己，你是否带着正确的意图出现并为客户提供服务。敏捷教练没有任何自我服务。怎样才能正确定位？在进入谈话之前，我总是问自己一个核心问题，以此来保持我作为教练的心态。

敏捷教练的核心问题

敏捷教练总是有相同的核心问题，这个问题定义了他们的角色存在的原因，它是使敏捷教练与客户的谈话更加聚焦的总体性工具。敏捷教练不同于专业教练（生活教练或领导力教练），因为我们的工作都基于这个核心问题。专业教练的谈话有一个议程，100%由客户想要讨论的内容驱动。专业教练谈话的开场问题通常是这样的——"你在想什么"或"你今天想谈什么"。

然而，敏捷教练有一个一致的、潜在的核心问题。它总是同一个问题或这个问题的一个变体——"我怎样才能帮助、服务和支持你采用敏捷的工作方式"。

这就是我们的主题。我们可以谈论很多相关的话题，如文化、授权、角色和责任，但归根结底，我们是来帮助人们学习、实践，并最终实施敏捷的。这可能涉及个人转型或简单的流程实施，但无论如何，核心问题是相同的，是敏捷教练在工作中用来保持一致的指南针。

将这个核心问题作为客户与敏捷教练谈话的原因，接下来我们就需要了解一次典型的教练谈话是如何沿着前面提到的路径之一进行的。

我们已经明确了我们的定位——与客户的需求和组织的需求保持一致，现在我们可以真正开始教练谈话了。不，还不行，你需要得到许可才能这样做。

教练许可

把你的想法、观点、意见或询问推给别人并不总是合适的，可能让人觉得你是在打扰别人，或者很无礼。提供敏捷教练服务的一个重要方面是，你需要被客户邀请去做教练。获得邀请的方式是允许你进行教练。如果你没有得到许可，你就不能进行教练。如果你没有得到许可，你仍然可以观察和感知环境，直到被请求提供帮助或出现其他服务的机会。

获得许可不一定很复杂。我使用了一种简单的方法，可以简化你对客户的请求。

关键问题："你有5分钟的时间吗？"

在请求许可的时候，你可以继续感知、倾听和观察。客户会向你发出信号，或者通过身体语言和其他线索，向你传递他们是否准备好进入教练谈话的信息。好奇地观察，而不是交叉你的手臂或做出防御性的姿势。

有时你会被要求教练一个没有给你许可的团队。这是很正常的，在这种情况下，发起人已经许可你采用新的方式与团队合作；你的工作是在团队中构建融洽的关系、信任和承诺（教练他们）。

针对问题进行提问

针对客户的问题进行提问是感知的一部分，因为你还没有进行教练，你还在检查你的响应。当敏捷教练被要求提供建议或向客户展示如何实施敏捷时，针对问题进行提问是很重要的。提问时要以一种尊重他人的方式进行，以便在提出解决方案之前了解要解决的问题。这种方式很重要，因为客户经常要求教练做一些事情，他们的想法听上去好像是很好的主意，但教练根据经验知道不是这样的；教练曾经走过这条路，知道它通向哪里。只有当知道客户试图要做的事情背后的意图时，教练才能解决客户的问题。如果你不确定你被要求解决什么问题时，下面是一个很好的问题示例。

关键问题："我们要达到什么目的？"

在清楚并确信你将要帮助解决的问题之后，你就可以做出恰当的响应。你可以通过"告诉或展示"或"开放和保持"，采取服务客户的行动。你已经到达了响应时刻。

响应时刻——反应或响应

当考虑响应式敏捷教练模型时，如果敏捷教练到达响应时刻，我们有三种响应方式可供选择：

1. 什么也不说，什么也不做，保持感知（倾听、观察）。

2. 提供一些建议或帮助，或者做示范（告知或展示的行动）。

3. 问开放式问题，倾听，保留你的意见和判断（开放和保持的行动）。

在指导敏捷教练的时候，我总是希望扩展或放大响应时刻。如前所述，你可以把这个时刻看作从教练受到影响到做出反应或响应之间的间隙。间隙越大，教练就越有机会选择如何响应。本章前面所有的内容都是为了帮助你在这一时刻到来时对其充分地加以利用。

接下来显而易见的问题是："我怎么知道该选择哪条路径？"答案是客户需要什么，环境允许教练做什么，以及客户准备做什么的组合。我将在本书的后面提供一些具体的指导，但我确实有一些通用的建议。我没有提供一套广泛的标准供你在选择时加以使用，而是推荐一种敏捷的方法。如果你具备了晴天故事教练场景的前提条件（发起人的支持和许可、明确的待解决的问题和合适的技能/经验），那么就继续告知或展示——因为这就是他们期望你做的。如果你不确定是否具备晴天故事教练场景的前提条件，那么我建议你从你的想法、感觉和/或直觉开始，陈述或询问一些事情，然后继续感知接下来会发生什么。如果你的客户需要一些快速的信息，恰好你有这方面的知识，而且情况也很合适，那么就"告知或展示"他们需要的信息。如果你在回答时遇到了阻力，可以尝试"开放和保持"的行动（我稍后会告诉你怎么做），然后继续感知和等待。路径会呈现出来，只要在与客户交谈时保持感知，你就可以根据需要进行调整。

在开始讨论其他步骤之前，我想通过一个谈话的例子来演示"感知然后响应"这一步骤。

感知然后响应的谈话

下面是一个谈话流程中"感知然后响应"的例子。

约翰是团队的敏捷教练；在早上的团队每日站会之后，他观察到玛丽和另一个团队成员在谈论即将到来的回顾会议。

"我必须为我们的下一次回顾会议发出邀请。在发生了上次的事情之后，我不会再邀请弗雷德了。"玛丽说。

听到这句话，约翰沮丧得脸都红了。弗雷德是团队的产品负责人，这已经是玛丽第三次将他排除在回顾会议之外了——尽管约翰之前建议不要这样做。约翰正准备进入谈话，但他发现自己的情绪反应过激。于是，他深吸了一口气，让自己平静下来，然后说出了那句无声的咒语："约翰，你是来帮助并服务于组织和客户的。"约翰在准备进入敏捷教练谈话时经常使用这句咒语。

"你有时间吗，玛丽？"约翰问。

"当然，有什么事吗？"玛丽回应道。

"我注意到你不想邀请弗雷德参加下周的回顾会议，这么做的目的或意图是什么？"

玛丽的回答带有些许防御性："为团队提供一个安全空间，让他们交流和讨论如何改进。有弗雷德参加，安全空间就不存在了。他对每个人都吹毛求疵。"

"哦，好吧，我不知道弗雷德造成了这样的问题；我能帮上什么忙？"约翰回答。

让我来解释一下这个例子。

这是一个进行敏捷教练的"时刻"，约翰（教练）承认当他被要求采取行动时他受到了怎样的影响。他停顿了一下，给自己提供了响应时间。然后，约翰调整了自己的心态，尽力为玛丽服务，考虑到玛丽的需要和教练许可，他用一个问题来响应，询问玛丽将要做的事情的意图。

约翰没有跳起来执行被动的"告知或展示"的行动（告诉玛丽邀请弗雷德参加回顾会议），而是在检查了自己的定位之后，针对问题进行了提问。然后，在约翰了解了情况的来龙去脉后，他就可以更好地做出响应了。

> **本章小结**
>
> - "感知"发生在敏捷教练谈话开始之前，涉及敏捷教练对教练机会的系统扫描。教练需要有敏锐的意识，以确保不会错过"上场"的信号，也就是他们开展工作的时候。
> - 敏捷教练的第一个动作是停止，观察，然后考虑可选的行动。
> - 检查自己的意图和寻求教练许可，都是敏捷教练谈话的前提条件。

第 8 章　告知或展示

> 告知或展示
>
> 如何实施敏捷

在响应时刻之后,我们可以遵循两条路径之一:横跨或纵深。我们先来看看横跨路径:在谈话中,教练的行动是告知或向客户展示敏捷的内容或方法。

注意：下载会产生重复旧模式的风险

当教练给出建议而没有停下来考虑他们的响应时，其风险在于客户会接受建议并调整信息，以迎合他们旧的思维模式或覆盖在他们的旧思维模式之上。我们在前面的章节中把此比喻为将一个应用程序下载到一个旧的操作系统中。作为敏捷教练，我们有一句谚语，"下载就像新瓶装旧酒"。

所以，这里要提醒的是，教练要仔细检查客户问题的意图（针对问题进行提问）。通常情况下，只要教练能提出正确的问题，双方就会有一个更深入的谈话——"开放和保持"的谈话。

当然，没有什么比教练用提问来回答每个问题更让人生气的了。很多时候，作为主题专家，敏捷教练提供问题的答案是合适的。在这种情况下，告知或展示是正确的做法。让我们来讨论一下怎么做。

告知他们，向他们展示

如果你感觉到客户接受了你的想法或建议，而且不需要更深入的谈话，那么就继续以传统方式帮助他们学习。指导（告诉）他们和/或向他们展示如何实施敏捷。然后，你可以通过重复这些周期或学习循环来跟进，通过检查敏捷实践是否被采用，并嵌入人们的工作中来完成教练工作。这是一个典型的晴天故事场景，教练的想法和建议要么是正确的答案，要么是最好的开始，而客户并不抵触变革。

当利用模型中的"告知或展示"行动时，教练应该考虑客户如何学习和处理信息。采用敏捷作为工作方式的最终结果是让客户产生可观察的行为变化。关于需要多少指导才能让学习者通过实践来学习，有很多争论。我通常的做法是：告知他们，向他们展示，让他们去做。

在这个学习过程中，首先，教练告知（指导）客户如何实施敏捷实践或敏捷流程；其次，教练向客户展示如何进行实践；最后，教练让客户自己进行实践，同时教练在一旁观察。为了确保实践成为新的常态，教练会定期回来评估客户的工作情况，并可能提供进一步的建议和指导。这个循环不断重复，直到实践的行为被嵌入客户的正常工作方式中。

教练需要提高自己的技能，清晰地解释概念，检查客户领悟程度，以及客户是否理解教练所传递的信息。

深入研究学习理论超出了本书的范围，许多更好的参考书已经涉及了这些主题。敏捷教练需要了解的是，指导、教授和评估客户的能力是教练角色的重要组成部分，因此学习如何教授客户应该包含在每个教练的发展计划中。现在我想带大家了解一下，在这一步中，实际的敏捷教练谈话是如何进行的。

让我们继续约翰和玛丽之间关于弗雷德在回顾会议上的行为的对话。

"你有时间吗，玛丽？"约翰问。

"当然，有什么事吗？"玛丽回应道。

"我注意到你不想邀请弗雷德参加下周的回顾会议，这么做的目的或意图是什么？"

玛丽的回答带有些许防御性："为团队提供一个安全的空间，让他们交流和讨论如何改进。有弗雷德参加，安全空间就不存在了。他对每个人都吹毛求疵。"

"哦，好吧，我不知道弗雷德造成了这样的问题；我能帮上什么忙？"约翰回答。

玛丽说:"好吧,我很高兴你能帮忙,但正如我们多次讨论的那样,心理安全是高绩效团队的一个非常重要的方面,而弗雷德经常在大家面前大喊大叫,把他的意见强加给团队。这样一来,大家都噤若寒蝉,回顾会议的效果也不好,因为大家都对弗雷德的大嗓门感到紧张。"

约翰说:"回顾会议的意图是什么,玛丽?它为谁服务?"

玛丽说:"它可以帮助团队改进合作的方式。"

约翰说:"那谁在团队中?"

玛丽说:"哦,是啊,我听你的。弗雷德在团队中,我明白你的意思了。"

约翰说:"我来支持回顾会议,并在回顾会议前和回顾会议期间与弗雷德一起努力改进他的行为,怎么样?"

玛丽说:"只要他不像上个月那样破坏回顾会议就行。谢谢你,约翰。如果你能共同主持回顾会议,那就太好了。"

约翰说:"可以。"

玛丽说:"谢谢你,约翰。很好的折中办法,我会让大家知道。"

约翰利用"告知或展示"的方式完成了他的工作,具体来说,只是"告知"。

另一个例子是敏捷教练展示如何实施敏捷实践,团队或个人在一旁观察。这在启动新的敏捷团队期间是最常见的。此时,团队的知识和技能水平较低,所以向他们展示如何做是有帮助的,也是合适的。

但是,如果约翰的教练建议没有被玛丽接受,会发生什么?如果当约翰请求允许他进行教练时,问题的答案是"不"呢?很简单,约翰没有得到教练许可。那么这次互动就结束了（就目前来看）。

当然，即使你得到了开始教练谈话的许可，你的建议也可能不被欢迎。你的意见和建议在谈话中提出时可能会被忽视。当这种情况发生时，教练和客户的谈话就处于第2个层次（辩论）。如果发生这种情况，敏捷教练应该采取"开放和保持"行动，将谈话引入更深层次。

> **本章小结**
> - "告知或展示"是敏捷教练最常采取的行动。遗憾的是，它通常是一种反应，而不是对某种情况的响应。
> - "告知或展示"行动与指导或教学服务是一致的，它仍然是整个响应式敏捷教练模型的重要组成部分。

第9章　开放和保持

当教练的想法或建议不是最好的解决方案时，或者当教练遭遇客户的抵制时，敏捷教练谈话需要转向纵深路径。教练需要搁置自己的观点，与客户进行谈话。

如果在与客户的谈话中，"告知或展示"的方法不奏效，为了快速地从辩论转为对话，教练需要及时地改变他们的方法。如果发生这种情况，教练就会通过问不同的问题——非常具体的问题，将谈话向"纵深"推进。教练停止建议和"告知"，开放自己的思维，把意见搁置在一边。这就是响应能力——在谈话中调整你的方法以适应客户。

当开始遵循纵深路径时，我想花点儿时间解释一下在"开放和保持"过程中会发生什么。图中显示了谈话如何通过开放思维、开放心态和开放意愿向下流动。在接下来的内容中，我将引导你利用"开放和保持"行动，穿越纵深路径。我想强调的是，并不是所有的谈话都要一直进行到第4个层次。通常，进入对话（第3个层次的谈话）就足以开始与客户合作，并能够将谈话推向共同创造和嵌入变化。

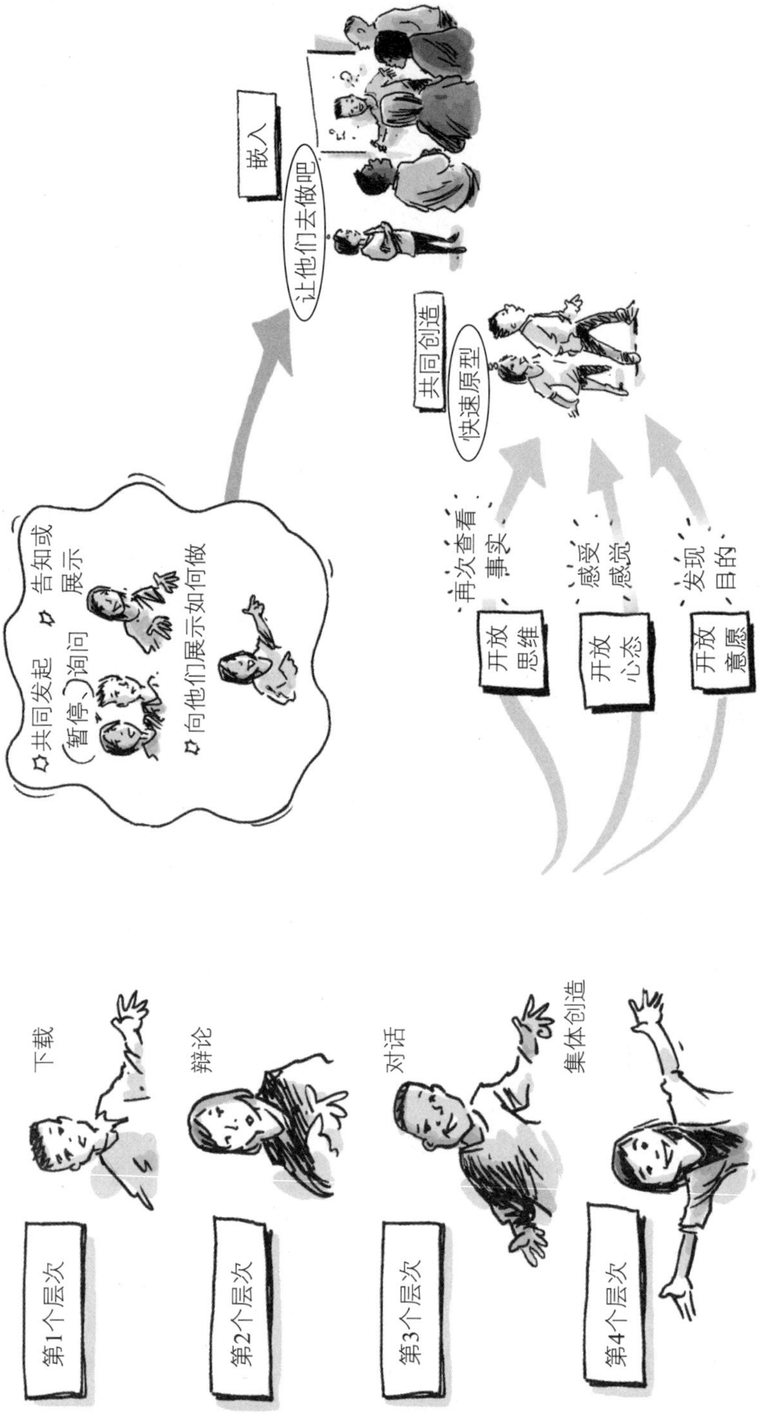

第1个层次
下载
第2个层次
辩论
第3个层次
对话
第4个层次
集体创造
共同发起
（暂停、询问）
告知或展示
向他们展示如何做
嵌入
让他们去做吧
开放思维
再次查看事实
开放心态
感受感觉
开放意愿
发现目的
共同创造
快速原型

促进开放思维的问题

开放思维旨在将谈话从辩论（第2个层次）深入到对话（第3个层次）。教练把他们的敏捷专业知识搁置在一边，对客户所说和所做的事情敞开心扉（和其他感官）。

在问开放思维问题时，有一个重要的提示：除非你先开放自己的思维，否则你无法帮助客户开放思维。敏捷教练常犯的一个错误是，将封闭和固执的思维带入教练谈话中，并假装（或认为）自己拥有开放的思维。在这种情况下，敏捷教练实际上仍然坚持自己的想法和观点，并等待时机来"说服"客户承认他们（专家）是对的，他们的答案是前进的方向。如果你认为你可以欺骗客户开放他们的思维，我会告诉你一个鲜为人知的秘密："客户知道真相，他们的直觉能够感知到你的思维。"

好吧，这是个很大的话题，但它是建立在研究的基础上的。最近的研究表明，科学关于直觉如何工作的最佳假设是，大脑记录并注意来自感官的输入，并将它们归档以备参考。当你的大脑想要找到答案的捷径时，特别是当没有时间去思考的时候，大脑的某些部分会根据这些归档的、有限的输入信息做出决定。让我们花点儿时间，了解一下直觉背后的神经科学。

直觉的神经科学

神经科学是研究神经系统和大脑的结构或功能的任何或全部科学。作为教练，我们所做的很多事情都可以用这个领域的科学来解释。我建议你多读一些这方面的书，这个主题不仅很吸引人，而且会对你的教练工作有所帮助。

我想花点儿时间把科学带入谈话中，因为我知道有很多人在认真对待一个概念之前需要对相关主题进行一些研究（像我这样的人）。我想加强敏捷教练的直觉和他们将教练谈话从第1、第2个层次带来第3、第4个层次的能力之间的联系。为了说明我的观点，我暂时用一个非敏捷的例子来解释神经科学如何看待直觉，然后我再把它与敏捷教练谈话联系起来。

想象一下，你驾驶汽车行驶在拥堵的道路上，一辆嘈杂的、排放着肮脏尾气的破旧卡车停在你的车旁边。愤怒的卡车司机把烟从嘴里拿出来，开始对你大喊大叫，让你别挡他的路。显然，他认为你在改变车道时影响了他。你的压力很大，而且看起来卡车司机要从他的车里出来。你不假思索地采取行动，锁上车门，检查你的手机是否在附近，紧绷自己的身体并同时在头脑中演练8年前你所学的自卫姿势。所有这些都发生在0.47秒内，你已经准备好应对接下来发生的一切。

这个例子与最近发表在《大脑与认知杂志》(*Brain and Cognition Journal*)上的一篇关于直觉神经科学的重要研究论文中使用的例子类似。在这篇论文中，S. J. 塞加洛维茨（S. J. Segalowitz）解释了在这种情况下大脑中发生的事情：

"预测道路上其他车辆的移动，包括判断路况、前方交通信号的状态，以及其他司机基于这些因素的判断和他们所显现的意图。许多判断不仅基于视觉，还基于听觉、本体感受，甚至嗅觉和社交线索。"

作者的结论是，大脑不可能像计算机那样计算路径，而是通过使用从过去的人生经验中获得的感官"数据"来预测将发生什么。在任何特定时刻，大脑都在有效地猜测或预测接下来会发生什么，然后在事后与后续数据进行协调，这被称为预认知。作者是这样说的：

"大脑不断地利用对过去经验的记忆来解释感官信息，并预测直接相关的未来……大脑的一个基本功能是预测近期事件，这有助于与外界刺激相互作用，节省精力，并最终增加生存的机会。"

那么，这和教练谈话有什么关系呢？好吧，在敏捷教练谈话中，你的客户的大脑几乎在不断（大约每秒6次）地检查威胁，以确保他们免受伤害，并保留生存机会。你的客户的大脑正在用过去的经验来检查你是否真的在提供帮助。它不断地检查，然后预测接下来会发生什么。如果认为有潜在的危害，它就准备好"关闭"深层次的谈话。当然，我们说的不是身体伤害，而是心理伤害，这正是人们在谈论心理安全时所提到的。

当教练谈话深入第3个和第4个层次时，客户会变得脆弱。客户的开放容易被评判（因为他们的意见）或被羞辱（因为他们表现出情绪）。客户的大脑就像一个弹簧陷阱（可以理解为捕鼠器。——译者注），当任何来自教练的（心理上的）危险信号出现时，大脑就会立即关闭。如果你不能100%真正开放来为你的客户服务，他们的大脑会凭直觉知道并开始使用所有感官输入——视觉、听觉、嗅觉，以及他们曾经有过的所有社会互动的数据来进行预测。如果你不注意你所说的和所做的，在谈话前没有正确地定位自己，那么你就没有机会"欺骗"你的客户（和他们的大脑），让他们相信你是真诚的。领导力神经科学领域的著名研究人员大卫·洛克（David Rock）是这样说的：

"在受到威胁的状态下，人们更有可能'不动脑'。他们的注意力被威胁转移了，他们无法轻易转向自我发现。"

如果你正在对某个人进行教练，而你未将自己定位为服务客户，那么你说什么都无所谓，客户会感觉到你不是真正的开放思维，因此也不会开放自己的思维。你会卡在谈话的第2个层次（辩论）。客户的大脑会准确地预测你不是一个"安全"的人，因此会保持关闭状态。我们在这里开始进入教练领域,在你提问时密切关注你的内在状态。假设你已经控制了自己的内在状态,并将自己定位为服务客户,下面有四个可以尝试的开放思维的问题。

关键问题:"我感觉这不太适合你,你的想法是什么?"

或者以下这些问题中的任何一个:

"我只是来与你讨论一下,你对实施敏捷有什么想法?"

"你的想法是什么?"

"我来这里是希望以最好的方式为你服务,没有任何其他意图,你觉得现在的情况如何?"

这种类型的问题的目的不是为了唤起客户的任何情绪反应,而是询问他们如何看待事实。开放思维的问题不是要求客户在情感上变得脆弱,而是寻求客户对他们所看到的事情的看法。通常,这种类型的问题足以让我们与客户进行共同创造,并推动教练谈话向前发展。

请记住,上述问题必须在敏捷教练的思维是开放的前提下提出。教练必须是真诚的,而不是试图欺骗或操纵客户同意他们的观点。教练如果试图胁迫客户同意他们的观点,那么很可能导致客户关闭对话(第3个层次),并将谈话转回到辩论(第2个层次)。

有时,敏捷教练会感觉到客户想要或需要打开他们的心扉,讨论他们对情况的感受。在我看来,这个层次的谈话才是高级敏捷教练市场上最大的空白。进行发自内心的谈话并不意味着你是一个心理学家或心理咨询师,它只是令我们意识到向敏捷工作方式的转变可能涉及人类的情感。下一组问题将告诉你如何以开放的心态工作,但在这之前,我需要讨论"开放和保持"行动的另一个要素,那就是"保持空间",它在敏捷教练过程中是必不可少的,所以我想确保我们对"保持空间"的含义的理解是一致的。

如何保持空间

响应式敏捷教练模型中纵深路径的一个重要方面是保持能力。教练保持的到底是什么？让我用下面这个场景来解释一下。想象两个人交流的场景，两人之间有一个准备好的圆形花坛，里面装满了已经平整好的纯白色沙子。在这个场景中，教练和客户最初将在不说话的情况下进行沟通。两个人都坐在圆形花坛边缘的垫子上，各自拿着一根细细的金属棒。

坐在圆形花坛边缘的两个人开始谈话。现在想一想，每个人对谈话的贡献就是他们用自己的金属棒在平整的沙子上小心翼翼地画出他们打算传达给对方的内容。

理想的沟通过程是由一个人完成代表他们贡献的完整的沙盘画，然后让大家有时间查看并尝试理解它。如果是一群人，每个人都会有几分钟的时间来查看沙盘画，每个人都可以就他们看到的和解读的内容提出

澄清问题。理想的情况是，在其他人将他们的想法加入谈话之前，有时间重新设置空间，把沙子弄平整。

这种允许人们在谈话空间中充分表达自己的想法，然后提出澄清问题的过程，是我发现的允许信息在人与人之间的交流空间中进行编码和随后解码的最佳方式。我所说的编码是指一个人试图通过他们对谈话的贡献来传达的信息。与所举的例子不同，敏捷教练过程中的谈话把信息编码成文字、手势和身体语言。倾听者的工作是解码来自贡献者的信息——从被编码的内容中获取意义。良好的沟通仅仅意味着需要传达的信息经过编码进入谈话，然后被解码，而信息在翻译中没有丢失。

现在，让我们将上述过程与工作场所谈话中经常发生的情况进行对比。许多人同时把他们的金属棒放在沙子里，几乎不让别人完成他们的画，然后他们将自认为更好的想法或贡献涂抹在上面。没有人尊重或留出让个人交流全部想法的空间。人们太专注于自己的想法，不愿意花时间去理解别人试图传达的信息。所提的问题大多是封闭式的，而不是开放式的；与其说是澄清，不如说是开始了一场思想的辩论。甚至没有人试图完全解码其他参与者的贡献。

在敏捷教练谈话中，"保持空间"仅仅意味着让客户完成他们的贡献，并提出澄清问题，以充分理解他们试图沟通的内容。当客户处于开放状态并变得脆弱时，一个措辞不当或时机不对的问题会随时破坏心理安全，随之而来的是客户关闭谈话，减少或终止考虑改变他们的工作方式。

我建议你做一个实验。下次你提出问题或与他人交谈时，注意观察是否有尴尬的沉默时刻。在沉默中观察自己，注意你的大脑中出现的"冲动"（自我对话）。什么东西渴望从你身体抽离出来，进入这个空间？这是你的"东西"，在进入空间之前需要检查一下，以确保它为客户服务。

我希望你现在看到敏捷教练为客户"保持空间"的能力的重要性。我所指的"空间"是指谈话的氛围，有时也称关系场。当两个或更多的人在一起时，就会产生一个场。"空间"或"氛围"的概念在体育赛事或音乐会上更为明显，但它也存在于教练谈话和商务会议中。我相信你一定参加过这样的会议，"空气中"弥漫着轻松和富有创意的气息，而其他时候则充满紧张、沉重或争吵。这就是我们作为敏捷教练的工作空间。

在本章的前几节中，我为你提供的问题可以营造合适的氛围，但只有通过倾听，你才能为客户保持空间。倾听，加上遵循我在下面列出的"保持空间时不应该做的事情"，将为你提供最好的机会，在客户和你一起走向共同创造和新的工作方式时，为谈话保持空间。

保持空间时不应该做的事情

我必须在这里暂停一下，用来说明当你把谈话带入第3个和第4个层次，也就是从辩论到对话，执行"开放和保持"行动时，你不应该做的事情。我在这里列出了不应该做的事情的清单，这些事情会破坏空间或教练与客户之间的连接。

- 不要问"为什么"。"为什么"的问题会挑战客户的观点、想法，甚至他们的信念和真理。你会冒风险，客户可能在心理上感到谈话不安全。这将使对话关闭，而不能开放思维/心态。

- 不要提供建议。你可能认为你在帮忙，但你不是，所以不要提供建议。这是你想让你的专长溜回到谈话中去。暂停这种心态，继续为客户服务。如果你把自己的意见放到谈话中，这可能会让客户认为他们的观点被评判了,他们可能会重新回到辩论中——你的意见与他们的意见对立。通常教练认为他们的建议会有所帮助,但最终发现适得其反,扼杀了客户的创新能力。

- 不要问那些实际上是建议的问题。这是"不要提供建议"的一个变体。简单地提供一个解决方案并在最后加一个问号,并不意味着它是一个真正的开放式问题。敏捷专家需要再次尝试回到谈话中。如果你正在用你的想法接管谈话,那就停止吧!这将使谈话回到辩论中,而不是转向对话。

- 不要评判。很容易通过语气和/或语言得知你正在评判客户所说的事情。我曾经辅导过一名教练,当我们进行教练谈话时,他总是肯定我的观点。他说:"是的,同意。"似乎这能让我感到安全,但事实并非如此。我感觉被评判了,并且有了防备之心。这意味着他带有观点和判断,他在评估我所说内容的质量。同样,我以前辅导过的另一名教练,会评论客户对谈话的贡献是"积极的",这种评论也是判断性的,没有帮助。

- 不要放纵自己。有时你和客户有类似的经历,想分享故事或沉溺于谈话主题,和他们一起闲聊或自以为是。不要这样做,这是在为你服务,而不是为客户服务。

如果没有"保持空间"的能力,教练就无法将谈话推进到更深入的情绪层面,这就是为什么本节是下面内容的前提条件。以开放的思维进行谈话需要高度的心理安全,为此,教练必须至少具备"保持空间"的基本能力。

促进开放心态的问题

开放心态的问题，其背后意图的简短描述可以是"有意识的善意"。作为教练，你要密切关注自己的意图，并在与客户交谈时保持友善。关于客户如何经历工作方式的改变，尝试了解他们的立场和感受，你就进入了开放心态的谈话。谈话可以在一对一的环境中进行，也可以在整个团队中进行。

在我看来，将谈话带入这一层次的能力是成为响应式敏捷教练的重要前提条件。优秀敏捷教练与普通教练的一个关键不同就是如何处理情绪问题。为什么？因为人们的行为是由情绪决定的。《今日心理学》（*Psychology Today*）刊登了玛丽·拉米亚（Mary C. Lamia）博士的一篇文章，文章标题是《不管你喜不喜欢，情绪会推动你今天的决定》。文章中有这样一段话：

"如果你的大脑遇到了它认为是'红色旗子'的东西，你会收到一份笼统的、模糊的警报，它是由情绪产生的感觉和想法。这个有点不精确的信号提醒你注意。以这种方式，你的情绪作为一个提示系统——一个与生理变化相关的注意力引导系统，可以让你做好采取行动的准备。"

在谈话中，敏捷教练可以探索客户对某一特定情况的感受，作为将谈话转向对话而非辩论的手段。通常情况下，通过简单地询问客户的感受，教练可以将谈话向共同创造方向推进。敏捷教练会充分了解客户的情况，真正关心他们，并以教练的身份为他们服务。如果做得正确，客户知道教练感受到他们正在经历的情绪，我把这种感觉称为客户的"被感受到的感受"（feeling felt）。一个通用的术语是同理心。那么，此时需要提出什么问题？问题虽简单，但很有力。如果你能让客户用语言表达他们的情绪，就能从争论中消除很多"热度"，迅速建立融洽的关系，并使谈话脱离辩论。下面是一些可以练习的问题。

关键问题："你怎么样？"

现在重要的是，客户——像大多数人一样——习惯于以非个人的回答来回应，诸如"我们做得很好""我们很好""没有问题"。

> 哦，我怎么样？

教练的挑战是如何从客户那里得到一个真正的答案，而且是第一人称的答案；使用"我"而不是"我们"。如果客户开始谈论团队的感受，教练必须将谈话转向第一人称（客户的感受），否则，你就是在谈论客户无法控制的事情，你就是在解决团队问题，而不再是一对一的教练谈话。当然，基于团队的情绪"脉搏检查"也很好，但如果你是一对一教练，只要注意你的客户是不是避免谈论他们自己的感受。客户这样做是为了逃避讨论他们内心的情绪世界，但反应灵敏的教练可以为了客户的利益，温和而谨慎地把他们带到对情绪的探索之中。

在我居住的澳大利亚，讨论感受在文化上是不合适的，尤其是在工作场所。这导致许多慈善机构成立，以解决由此产生的心理健康问题。其中一个试图帮助解决这个问题的慈善机构，其使命对我们在考虑敏捷教练谈话时很有帮助。RUOK.org.au（慈善机构名称）旨在预防和减少自杀。它的使命之一是"激励并鼓励每个人与他们周围的人建立有意义的联系，为任何在生活中挣扎的人提供支持"。

我喜欢该慈善机构的方法，因为它很简单，只需问一个问题，如"你还好吗"，然后，真心实意地倾听对方的回答。当我问的人给出一个典型的澳大利亚式回答如"是的，不用担心，我很好"时，我通常会加一个后续问题，我一边问这个后续问题，一边看着他们的眼睛，给予他们充分的关注。

"不，真的，<对方的姓名>，你怎么样？"

这个问题有很多变体；我在下面列出了一些，但我鼓励你找到一个你觉得合适的问题，然后进行练习。

"对于向敏捷转变，你感觉如何？"

"你感觉如何？"

"你今天过得怎么样？"

记住，关键是要在你保持开放的思维和心态（有意识的善意）的情况下提问，否则，客户会发现你并不真诚，随即会关闭谈话。

促进开放意愿的问题

我最近指导的一些敏捷教练提出了关于工作目的和工作意义的话题。我提供的很多教练服务，都是在帮助教练和其他人将他们的工作、生活与他们的目的和内部动机结合起来。事实上，我最近调查了37名敏捷教练，为他们提供了6个月的辅导和培养。我问他们："是什么促使你想成为一名敏捷教练？"79%的人回答说"想有所作为"或"为了在工作中获得更多的意义"。

我想说的是，教练们发现，让接受教练的人的生活变得不同给他们的工作增加了意义。这是与我合作过的其他教练的一致的想法，当然，也是我工作的强烈的个人动机。然而，挑战在于敏捷教练在如何进行与目的或意愿有关的谈话方面没有做好充分的准备或接受相关的培训。

为了使客户接受敏捷的工作方式，敏捷教练的工作有时需要探索客户的意愿或目的。当面临变革阻力时，教练应该能够将谈话深入第4个层次——通过开放意愿。这是一项非常有价值的工作，给敏捷教练这个角色带来意义。此外，它还能为客户服务。那么，教练如何将对话深入这个层次？答案是，谨慎地以服务客户为绝对导向，在保持空间的同时提出正确的问题。正是在这里，敏捷教练和专业教练开始重叠。我将在第12章中将敏捷教练和专业教练进行比较，但现在我想把你的注意力集中在一些简单的、容易问的、关于开放意愿的问题上，你可以练习一下。

关键问题："为了给新的工作方式腾出空间，你必须舍弃什么？"

可以将上述问题与保持沉默结合使用。

在这种情况下，教练的目的是让客户认识到，为了向前迈进并与教练共同创造新工作方式，他们必须舍弃一些东西，如想法、信念、习惯，或者他们习惯的做事方式。

在第4个层次的谈话中，敏捷教练试图唤起客户的存在感——在这种氛围中，客户感到非常安全，他们可以向未知领域迈出一步，让新的想法、工作方式、习惯或新的自我意识在谈话中浮现。这是一个产生共同创造的环境，这是一个没有教练评判的地方，只有在遵循了前面提到的所有"不要做的事情"的情况下才能进入。

随着谈话速度的减慢，保持沉默是使所有这一切融合在一起的秘密因素。沉默是在教练提出正确的问题后使用的。什么时候停止说话，我不能给你一个公式；你需要练习、实验和尝试，以了解什么时候适合再提出一个问题，什么时候你只需要保持沉默，让沉默为你工作。

以下这些问题有助于唤起客户的存在感，并把客户带向开放的意愿。

"那么，这里有什么是需要改变的呢？"

"这里出现了什么？"

"这与你和你的角色有什么关系？"

"你要向前迈进，还缺少什么？"

"对你来说，什么是必须改变的？"

"这一切与你的工作方式有什么关系？"

"你需要舍弃什么才能为即将到来的事情腾出空间？"

当教练团队时，只需将上面的例子改为"你们"。

记住，重要的是要暂停，放慢谈话的节奏，抑制你的专家心态，不要在谈话中插入观点、意见、想法、建议、判断或具有挑战性的"为什么"问题。

在沉默时刻，当客户在思考问题的答案时，敏捷教练要怎么做？很简单，等待。你坐在那里，以开放的思维、开放的心态和开放的意愿为客户提供全面的服务，对他们接下来要说的话投以绝对的关注，不是为了分析或评判，而是准备支持客户在响应式敏捷教练模型下向下一步迈进：共同创造。在这里，你要温和地将客户推到行动中。朝着更好的工作方式迈出可实现的一小步。

本章小结

- 在响应式敏捷教练模型中，"开放和保持"是迄今为止最难的一步；在这里，教练使大部分的深层改变得以发生。
- 这一步需要教练首先开放自己的思维、心态和意愿，然后客户才会跟随并接受改变。教练为客户带路。
- 在此过程中，教练必须有真正的服务意图，否则，客户会感觉到谈话是不真诚的，在心理上是不安全的。
- 保持空间是敏捷教练必须发展的重要能力，以便能够执行"开放和保持"的行动。
- 为了保持空间，敏捷教练必须将自己的想法、意见、解决方案或评判排除在谈话之外。
- 开放意愿的谈话并不总是需要的，但敏捷教练应该准备好将谈话深入这个层次，如果这对客户有利的话。

第10章 等待然后共同创造

如何"等待"

要执行这一步的行动,你必须有耐心。作为响应式敏捷教练模型的一部分,"等待"被定义为"未来有些东西在等着你"。

这个在未来等待的"东西"是什么?答案是更好的工作方式、新的自我意识和/或新的使命感(意愿)。在"等待和共同创造"行动中的这一步,可以说是"纵深"路径的"底部"。回想一下第6章,当时我向你介绍了所谓的"共同创造"的第4个层次的谈话。那么,在"等待"步骤中,你处于"共同创造"步骤之前的"暂停"阶段,在创造过程开始之前。

这一步很特别,因为它更多的是关于不做什么。不像之前的步骤那样,教练问很多的问题,在这一步中,教练保持沉默,增强意识,

并保持准备状态，等待新的想法的出现。等待并不是通过提出完美的问题来完成这个动作，而是要保持警觉，对于谈话中涌现出的未来的元素保持关注。

如果你在前面的"开放和保持"步骤中做得很好，那么客户会感到安全，可以敞开心扉，与你合作探索新的工作方式。当这种情况发生时，客户往往开始想象通向未来的道路。第一个迹象是他们的语气发生了变化，你注意到他们愿意探索"可能"。这表明他们已经"搁置"了旧的想法和观念，并准备好"迎接"新的工作和生活方式。

正是在这种情况的谈话中，敏捷教练需要耐心地等待即将到来的事情。教练面临的风险是他们过早地提出自己的意见或建议，从而使谈话空间关闭。这不是等待的方式。

敏捷教练应该鼓励客户在这一步中保持想法的流动。可以作为这个行动步骤的一部分的问题包括：

"还有什么？"

"很有意思，再告诉我一些。"

"这很好。我们还有什么其他选择？"

一旦你看到关于工作方式的新想法开始形成时，这就是将谈话转向"共同创造"这一行动步骤的信号。

关于共同创造的问题

响应式敏捷教练模型中的这一步被命名为共同创造，因为教练和客户合作共同创造更好的敏捷方式是非常重要的。这是一项协作努力。教练与客户一起工作，此时客户拥有开放的心态，并在安全的空间里尝试新的习惯、行为或敏捷实践。

"共同创造"这一步是一个重要的交汇点,客户之前对变革的抵触已经转化为与教练合作的积极能量。其结果是经过共同创造而获得一种新的工作方式,它不是教练的想法或意见。客户更愿意接受这种新的工作方式,因为他们自己参与设计了它。

教练帮助产生了多个选择和替代方案,但他们的想法是建立在与客户谈话的基础上的,教练引入他们的经验和想法,但始终与共同创造之前的谈话保持一致。尽管敏捷教练现在可以在谈话中提出自己的想法,但这并不意味着他们可以简单地采用专家心态并在谈话开始前提供他们的答案。教练向客户提供他们的想法,目的是共同创造前进的道路。当教练"搁置"自己的观点和解决方案,真正接受客户的想法,并将其纳入未来的发展方向时,就会产生最好的结果。

最重要的教练技巧是确保每个人在谈话中都把注意力放在以下这两个方面。

1. 寻找正在涌现的未来的迹象;关于未来的道路可能是什么样子的,开始时可能只是一些感觉或"即兴"评论。例如,"或许我们可以……"或"如果我们只是……",如果教练不仔细听,这些迹象很容易被忽略。

2. 保持空间或氛围,确保空间和氛围一直是安全和非评判性的。我在开放心态部分给出的所有准则在这里仍然适用,以确保教练不会破坏创造性谈话的流动。

当新的工作方式在谈话中形成时,教练和客户就需要讨论将采取哪些具体的步骤,重要的是这些步骤是可以迭代的。无论提出的下一个行为改变是什么,都应该是小规模的、能快速实施的、可测试的,以及可寻求反馈的。然后再次迭代、测试和学习，一起重复循环。

关键问题："我们的前进方向是什么？"

或"对我们来说，能够让我们前进的最好的下一步是什么？"

> 我们的前进方向是什么？

问完这个问题后，让客户给出他们的回应，说出他们的想法，一旦你觉得时机合适，也可提出你的想法，做出你的贡献。如果做得好，这只是之前创造的对话的延续；如果做得不好，这只是再次开始辩论，你又回到了谈话开始的地方。所以，当你与客户共同创造未来的道路时，要谨慎行事，为谈话做出贡献。

有助于共同创造的其他问题包括：

"最好的下一步是什么？"

"我们可以做什么实验来测试我们的想法？"

"感觉正确且安全的下一步是什么？"

"我们想尝试什么？"

以下是一些建议的方法，作为敏捷教练，可以在谈话中做出贡献：

"在我们谈话时，我想到的是……"

"你怎么看……"

"我可以提供一些东西供我们考虑吗？"

"我注意到这似乎是我们谈话中的一个共同主题……"

在谈话的这一步中，要在共同目的和共识下，让思想流动，制订行动计划。通常情况下，在教练谈话的这一步中，事情进展很快，而且似乎能自行解决。注意不要自满。优秀的敏捷教练会确保在突破性时刻之后，一旦共同创造开始，就会以某种方式记录下商定的前进方式。通常在兴奋的时候，某些事情会被忽略，并在随后的日子里被遗忘或被歪曲。

当你在谈话的四个层次上进行实践时，你会注意到它们不是线性的。有时你会随着谈话的进行而在不同层次之间打转，这也是意料之中的事，所以顺其自然吧。但请记住，要始终跟踪你所处的位置，并试图让客户能够向前迈进，这就是教练。只进行长时间、深入的谈话而没有进展，是一种浪费，不是教练。

关于嵌入的问题

随着谈话进入模型的终点，敏捷教练的目的是将工作方式的微小变化转变为持续的行为。这些问题通常是在随后的谈话中提出的，但无论如何，教练都应该在可能的情况下尝试嵌入行为。这是为了让新的行为持续下去。

关键问题："你从变革中学到了什么？"

一些其他的建议包括：

"我观察了最后的Sprint，你看到团队有什么不同吗？"

"你认为我们在向敏捷转变方面进展得如何？"

"我想指出 <此处插入一些改进>；这是一个伟大的成果！"

敏捷的采用就是一种学习循环——从尝试新事物到对结果做回顾评估的反馈循环。教练提出的问题应该遵循这个模型，询问客户从他们所做的改变中学到了什么。当教练和客户共同创造了新的敏捷工作方式之后，客户在实践过程中，他们应该定期询问彼此学到了什么。如果没有人问这个问题，那么教练的工作就是问这个问题，并鼓励其他人向自己和自己的团队问同样的问题。

判断嵌入是否已经发生的一种方式，就是观察当没有人看时（教练不在那里）会发生什么。

建议定期进行"教练回访"；检查一下，看看客户的工作方式是否仍在完善或停滞不前。

我加速嵌入的一个方法是，通常在回顾会议上（向团队）指出团队现在与过去的不同之处。当我指出团队的改进时，我总是会考虑观察、评估、调查、民意测验或类似工具的数据，作为教练，我利用这些数据来监测团队的绩效和文化。我使用定量评估与定性调查相结合的方法来做这件事。我不会在团队之外使用这些数据。如果你在团队之外这样做了，它就会成为一种管理工具，几乎肯定的是，团队会把你收集到的数据当成儿戏。

针对个人，为了实现嵌入结果，我使用实时反馈，例如，承认一个团队成员在合作方面的额外努力。这种公开的表扬与一对一教练相结合，是一个强大的嵌入工具，如果持续进行，可以把这些小收获变成整个团队的大变化。

有一点很重要，就是要注意不要过早地声称自己实现了嵌入。我认为对嵌入的真正考验是，当人们面临交付压力时，工作方式是"保持"还是在期望的压力下屈服。我最近就遇到了这样的例子。一支敏捷教练团队刚刚为一个产品团队完成了为期16周的工作。他们提交了教练服务总结报告，其中包含团队采用的所有实践的证据。随着产品发布日期的临近，问题开始出现。教练们已经离开，但当产品发布窗口临近时，团队又回到了之前的混乱状态。我和一位Scrum Master谈过，他告诉我每个人都惊慌失措，不再写用户故事，没有人参加任何仪式来帮助开展计划或协同工作。这是一个很好的提醒，提醒我们在结束教练工作之前要测试嵌入是否已经实现。

本章小结

- 在"等待"步骤中，敏捷教练需要在谈话中寻找正在涌现出哪些元素。这些可能是"微弱的信号"，但如果感觉正确，就应该遵循。沉默是关键，在等待的过程中，不要提供你的想法。
- "等待然后共同创造"行动中的共同创造元素，是教练和客户之间一项共同的、协作的活动，教练必须避免成为专家而将自己的想法告知客户。
- 当共同创造时，迭代方法是最好的。小而安全的步骤是最好的验证方式，从而可以获得更好的工作方式。
- 嵌入的目的是确保新的工作方式已经被"卡住"。一个很好的测试是看教练不在的时候会发生什么。积极的反馈有助于加速嵌入。教练回访是一个很好的方式，可以追踪以前的客户，以确保工作方式在教练不在时或在有压力的情况下可以继续得到改进和提高。

第11章 实施响应式敏捷教练——一对一

在带领大家学习了模型中的所有步骤和行动之后,我想现在演示一下对个人进行教练的时候,典型的响应式敏捷教练谈话是如何进行的。我这样做的目的是让教练谈话变得真实,并展示当把所有步骤和行动整合在一起时,会如何在教练和客户之间形成连贯的流动。

我将使用的场景是我与客户的一次真实谈话。在这个例子中,高级敏捷教练是萨拉,初级敏捷教练是罗斯,而客户是一个名叫奈吉尔的产品负责人。场景是一个大型敏捷项目的启动,所有的团队成员第一次聚集在一起,奈吉尔和他的团队一起制定团队章程。

感知和响应

罗斯是个新手敏捷教练,他很想在启动仪式上给人留下印象;他想让他的团队把他看作一个能够提供帮助和解决问题的人。遗憾的是,事情并没有一个好的开始。

"天哪,奈吉尔总是习惯命令和控制,像个指挥官,他总是站在团队中间，告诉每个人团队章程中要有什么内容。"罗斯对他的一位同事（另一个教练尼基）说道。

"是的，他不让其他人使用白板记号笔，并试图控制谈话。你可以看到，他的团队中有三个人已经游离在外了，他们正在一旁讨论。"尼基回应说。他们看着奈吉尔正在疯狂地试图从那些不情愿的团队成员中获得对团队章程的意见。

"我要说的是，他需要更多的合作。"罗斯说，他看到了一个教练机会。

"当然，去吧，但奈吉尔看起来压力有点儿大。"尼基说。

横跨路径——一次"告知或展示"的尝试

罗斯走到团队中间，说："大家好。我是罗斯，你们的敏捷教练。大家都在积极地参与吗？需要我的帮忙吗？"

尼基在一旁看着，他注意到了奈吉尔的面部表情，似乎充满怨恨和失望。

"罗斯，我们很好。请给我们一些空间来解决这个问题。"奈吉尔说。

罗斯走开了，他被拒绝了，在同伴尼基面前他感觉有点儿羞愧。"嗯，他们进展顺利！"罗斯边说边深深地吐了一口气。

就在这时，高级敏捷教练萨拉过来查看罗斯的情况。"嗨，罗斯，我在你的团队中看到了一个有趣的情景。你听说过'谁拿着笔谁就有权力'这句话吗？"

罗斯说："哦，是的，奈吉尔拿着笔（白板记号笔）并掌控着权力，控制着团队章程的制定，因此，合作程度很低。"

"正是如此！"萨拉回答道。在她继续说下去之前，罗斯有些防备地说道："好吧，我们刚才试图让奈吉尔听我说，但他让我离开。"

萨拉感觉到了罗斯的沮丧，她决定做一次尝试，帮助罗斯和尼基通过观察来学习。

纵深路径——开放和保持

萨拉走向奈吉尔和他的团队。她走到奈吉尔旁边，悄悄地和他私下交谈。"奈吉尔。我是萨拉，我是支持罗斯的高级敏捷教练之一。你有几分钟的时间来谈谈吗？"

奈吉尔显得很忐忑，他脑海中的声音开始以每小时100英里的速度对他说话："我是不是做错了什么？我很担心第一天和团队在一起就搞砸了。我希望这个教练不会让我看起来很无能！"

奈吉尔看起来有点像车灯下的小鹿，他愣在原地，脸上露出惊慌失措的表情。萨拉示意他离开团队一会儿，然后再继续他们的谈话。

萨拉注意到，当他们离开团队时，奈吉尔并不舒服，她凑到奈吉尔旁边，以便让其他人听不到。"你还好吗，奈吉尔？我只是想看看你的情况。"

奈吉尔沉默不语，没有回应，但他发出了一声叹息，肩膀下沉了几英寸。

当萨拉和奈吉尔重新回到尼基和罗斯身边时，萨拉说："谢谢你抽出时间，奈吉尔。我想说的是，我们在这里都是为了让你和你的团队取得成功，就是这样。这是我们今天唯一的工作。我们在这里为你服务，因为你要学习所有这些关于敏捷的知识。"萨拉接着说，"而且，奈吉尔，你要明白你不需要知道所有的事情,也不需要把事情都做'对',我们可以一起做这件事情,这一点非常重要。"

萨拉短暂地停顿了一下,让奈吉尔理解她所说的话。看上去,奈吉尔似乎在考虑该说些什么,却难以开口。

萨拉明确了自己的方向,她感觉奈吉尔已经达到了情绪极限,所以她决定询问一下他的角色。"那么,你的新角色怎么样了,奈吉尔?"

等待

问完这个问题后,萨拉随即安静下来,并与罗斯和尼基进行了眼神交流,表明他们也要安静下来,等待奈吉尔的答复。

奈吉尔回答说:"嗯,我们正在组织,应该能及时完成团队章程。"

萨拉礼貌地打断了他的话。"对不起,奈吉尔,我真的只是想知道你的情况。现在我不关心团队章程或你的团队,目前,我想支持的是你。"

一阵明显的沉默,听完萨拉刚才的话后,奈吉尔停顿了一下,这似乎深深影响了他。

听到这话,奈吉尔明显变得激动起来。他没有立即回应。从来没有人问过他怎么样,并且真正关心他的答案。他在考虑如何回复萨拉。

"嗯,有很多东西要学,说实话,我对新的敏捷语言、流程等有点儿力不从心。"奈吉尔说道,他的声音因激动而颤抖。

萨拉考虑在教练谈话中接下来该怎么做。奈吉尔显然被压倒了,而且处于挣扎之中。她认可了奈吉尔的开放态度,并暂时结束了谈话。

"奈吉尔,你对我们如此开放,真是太好了。我们是一个团队。特别是罗斯，他一整天都在这里，所以你有需要的时候就联系他。"

共同创造

奈吉尔感谢了萨拉，然后回到了他的团队中。尼基、罗斯和萨拉聚在一起进行了一次快速的讨论。

"罗斯，我希望你注意到我在刚才那个教练谈话中的行动。"

"你征求了是否可以提供教练的许可，明确了你的服务方向，然后你开放了空间，为奈吉尔展现出情绪保持了这个空间。"

"是的，说得很好，罗斯。我建议你在时机合适的时候，与奈吉尔再次私下联系，并继续沟通，与他和他的团队共同创造新的工作方式。"

嵌入

当天晚些时候，萨拉再次向罗斯询问："嗨，罗斯，与奈吉尔的事情进展如何？"

"嗯，在你的'干预'下，他似乎放下很多防备，对与我合作持开放的态度。我们和团队一起完成了待办事项列表的创建，并估计了下周的第一个Sprint。好像在五分钟内你就让他重拾信任。"罗斯钦佩地说道。

"嗯，当人们不习惯真正的教练谈话时，这会让他们大吃一惊，对他们产生很大的影响。"萨拉回应道。

故事的尾声：这是一个真实的例子，就在我们完成了本书的这一章编辑之前，一位敏捷教练告诉我，奈吉尔因其开放的学习态度和愿意接受新的工作方式，而获得了Scrum Master社区的表彰奖。

本章小结

- 敏捷教练谈话是动态的，通过不同的行动，响应式敏捷教练模型的各个部分连接成连贯的、流动的谈话。

第12章 响应式敏捷教练与专业教练

GROW 模型概述

在我继续介绍响应式敏捷教练模型如何应用于团队之前,我想专门用一章来讨论专业教练(如之前第3章中的定义)如何与响应式敏捷教练模型相结合。这一点很重要,因为两者并不相互排斥,实际上是相辅相成的。在本书的范围内,我不可能详细介绍专业教练,但我确实想告诉你,在响应式敏捷教练中,敏捷教练和专业教练是如何被结合使用的。

专业教练中最流行的模型是GROW模型。GROW代表:

- 目标(Goal):教练环节的目标是什么?

- 现实(Reality):帮助客户重新认识自己的情况,将观点与事实分开。

- 选择(Options):通过共同创造式的谈话,产生多种想法。

- 前进方向(Way forward):就客户离开谈话后要做的事情达成一致。

GROW模型与响应式敏捷教练模型的纵深路径完全吻合，下面让我带你了解一下这两个模型是如何协同工作的。

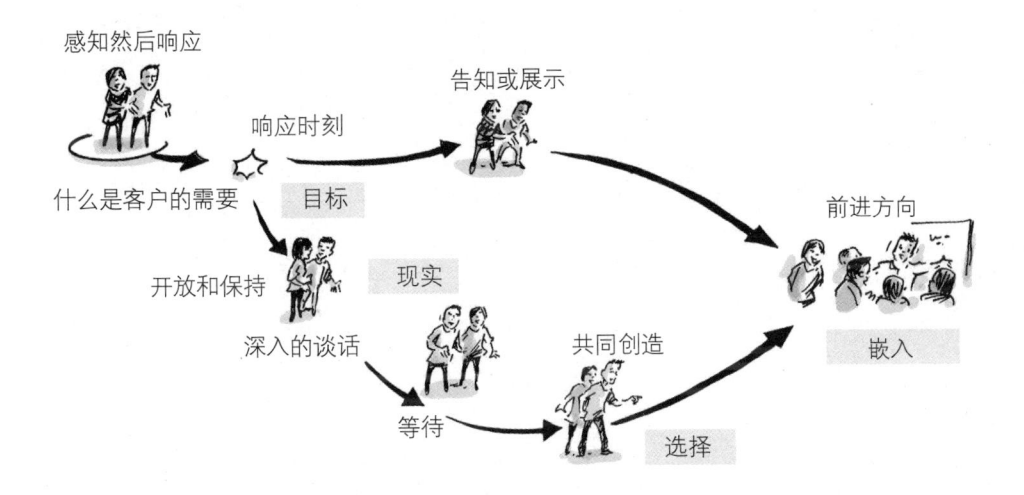

感知然后响应　　　告知或展示
什么是客户的需要　响应时刻　　　　　　　　前进方向
　　　　　　　　　目标
开放和保持　　　　现实
　　　深入的谈话　　　　共同创造
　　　　　　　等待　　　　　　嵌入
　　　　　　　　　　　　选择

将 GROW 模型用于响应式敏捷教练

我考虑过敏捷教练如何使用GROW模型，这并不是学习如何进行专业的GROW教练谈话，然后把它"固定"在你的敏捷教练实践中那么简单。作为敏捷教练，有更好的方法来实施GROW模型。让我们快速回顾一下敏捷教练处于"响应时刻"时实际上在做什么。他们正在做出选择，是采取"开放和保持"行动，走纵深路径，还是采取"告知或展示"行动，走横跨路径。GROW模型支持采取"开放和保持"行动，走纵深路径。下面我将解释GROW模型的每个阶段，并提供更多关于如何将其与响应式敏捷教练模型结合使用的想法。

目标

两个模型有一个交汇点，即都需要确定教练谈话的"目标"。在GROW模型中，这是教练和客户之间正式的、结构化的、探索性的谈话。在响应式敏捷教练中，目标很重要，但不一定会在教练和客户之间公开讨论，它可能不是一个明确的谈话点。尽管如此，敏捷教练在与客户开始谈话时，心中会有一个目标。敏捷教练的总体目标是将敏捷作为一种工作方式，而专业教练的目标则更多地由客户的个人问题驱动。

现实

在GROW模型的谈话中，对"现实"的探索是结构化的，并且是以教练和客户之间公开谈话的形式进行的。这与"开放和保持"行动非常相似，敏捷教练支持客户"重新看待"事实，并识别正在产生的情绪。这两个模型都支持对客户在情绪和事实方面的真实情况的共同理解。

选择

在选择前进道路之前探索"选择"是GROW模型的一个关键方面。这与响应式敏捷教练模型中的"等待和共同创造"行动相吻合。在横跨路径中的"告知或展示"行动中产生选择的情况较少，敏捷教练提供的是答案，而不是产生选择。

前进方向

GROW模型的"前进方向"与响应式敏捷教练模型的"共同创造"和"嵌入"步骤密切相关。通常情况下，专业教练会明确要求客户承诺尝试新的行为或做一些"家庭作业"，作为GROW教练课程结束时最终确定"前进方向"的一部分。在敏捷教练过程中，客户做出的承诺通常没有那么多，也不会有很强的个人责任感。敏捷教练通常是推荐或建议，一般不会向客户寻求承诺。

GROW 模型与响应式敏捷教练模型的主要区别

虽然GROW模型与响应式敏捷教练模型有很多相似之处，但也有一些主要区别。

1. GROW教练谈话是结构化的、正式的、私人的和保密的。敏捷教练谈话通常是非正式的，结构化程度较低，而且是"当下"随机发生的，不一定是保密的。

2. 响应式敏捷教练模型中的"告知或展示"行动对探索深层次谈话的考虑较少，教练和客户之间更多的是交换信息。"告诉或展示"行动更像指导和培训，而不是教练，即使它是整个响应式敏捷教练模型的一部分。

3. GROW教练谈话的目标几乎完全以客户为中心，而在响应式敏捷教练谈话中，目标更偏向于实现和采用与工作方式相关的组织变革成果。

4. 响应式敏捷教练模型以"U型理论"和Presencing Institute的工作为基础，旨在实现人与人之间的对话，包括出于个人和集体目的进行深入、同理心的倾听和感应。另一方面，GROW模型是一个通用的谈话指南，帮助教练与客户设定目标，它没有具体建议如何与客户进行变革性谈话。

本章小结

- 响应式敏捷教练模型的纵深路径与专业教练的GROW模型紧密相连。
- GROW模型与响应式敏捷教练模型的主要区别在于，GROW模型几乎只关注客户的目标，实施GROW教练谈话的过程更加结构化、保密和正式。

第13章 与团队一起实施响应式敏捷教练

提高实现教练成果的能力

大部分的敏捷教练都是在团队层面进行的，大概占比80%。但是，我们如何使用响应式敏捷教练模型来教练团队采用敏捷并实现高水平的绩效呢？

作为敏捷教练，我们的工作是让团队采用更好的工作方式，但我们完成这项工作的时间有限。事实上，根据我的经验，最好的教练比一般的教练完成得更快。为了在最短的时间内教练敏捷团队取得高绩效，敏捷教练应该有一套策略或方法。随意向团队抛出想法或行动是行不通的，事实上，这可能会使他们的绩效恶化。在第5章，我概述了有助于将变革坚持下去的三个要素。

1. 个人心理：帮助个人改变行为和思维方式。

2. 社会：让团队对商定的规范和行为负责。

3. 结构化的流程：实施敏捷框架和相关流程。

我想谈谈这三个要素，因为它们与将敏捷管理转变为团队的工作方式有关。敏捷教练的两个工具有助于形成我即将向你展示的策略，它们是使用团队契约（第2个要素）和商定的敏捷框架（第3个要素）。这些与为团队成员提供个人教练（第1个要素）相结合，为我们提供了一个整体的变革管理策略。

我在咨询方面的经验告诉我，你需要将策略与教练模型结合起来加以应用，以快速实现团队的变革。以下是我的策略，它将变革管理和敏捷框架与响应式敏捷教练模型相结合，以提高你实现教练成果的能力。

对团队进行教练，使之从形成期发展到成熟期

通常情况下，在新组建的团队进行的第一次回顾会议上，大家会很有礼貌但又有些尴尬。如果你曾经主持过一个新团队的回顾会议，并试图与他们进行开放和深入的谈话，你常常发现大家都保持沉默。此外，如果团队在海外，或者你实施的是远程教练，那么关于团队可能存在的痛点或功能障碍进行开放的谈话和讨论就更加困难了。这是正常的，是塔克曼（Tuckman）团队发展四个阶段（形成期、震荡期、规范期、成熟期）中"形成期"阶段的一部分。

在分享关于如何帮助敏捷团队加速进入"成熟期"阶段的建议之前，我需要更新一些最近的研究，这些研究是关于塔克曼团队发展阶段是如何应用于现实生活中的。简单地说，大多数团队总是会存在某种程度的震荡（分歧和冲突），它不是真正的阶段，但可以持续。这意味着你需要一种教练方法来帮助处理团队中与震荡相关的能量。重要的是在

处理这种能量的同时还要帮助团队形成、规范和成熟。让我告诉你如何做到这一点。

塔克曼团队发展阶段解释
形成期 　团队是新成立的，团队成员正在相互了解。在这个阶段，团队成员通常都很有礼貌，不会相互挑战
震荡期 　当分歧和冲突发生时，团队成员不再彬彬有礼，而是公开讨论如何与对方合作。这个阶段可能出现人际冲突，因为团队成员会因不同意见而争论
规范期 　团队开始确定什么是他们共同认可的规范、价值观和行为。团队成员彼此负有责任，遵守约定的行为方式
成熟期 　团队继续工作，结果和产出增多，冲突减少，团队成员开始进行建设性的谈话。团队快速、共同解决问题

面向敏捷团队教练的塔克曼模型（修改版）

我想用塔克曼模型的修改版，向你展示我是如何使用响应式敏捷教练模型中的行动来辅导敏捷团队的。为什么要修改？让我解释一下。研究员丹尼斯·博恩布莱特（Denise Bonebright）对塔克曼模型的相关文献进行了广泛的研究，她得出结论，塔克曼模型在为讨论群体动力学的关键问题提供一个简单易懂的起点方面仍然（经过40年的使用）具有最大的实用性。

总之，博恩布莱特证实了塔克曼模型很好地帮助我们在团队行为上拥有共同的语言。但其他研究提出了一些修改，可以更好地解释现实中发生的情况。我想重点谈谈几篇论文。首先，我想指出帕梅拉·奈特（Pamela Knight）的一篇非常全面的研究，题为"获取社区团队动态：塔克曼模型与DAU模型"。这篇论文的主要发现是：

- 团队存在持续的震荡（它不是一个阶段）。
- 形成期是开始时的一个独特的阶段。
- 形成期之后，团队进入规范和成熟的混合阶段。

如果用图形来表示这些发现，它们看起来是这样的。

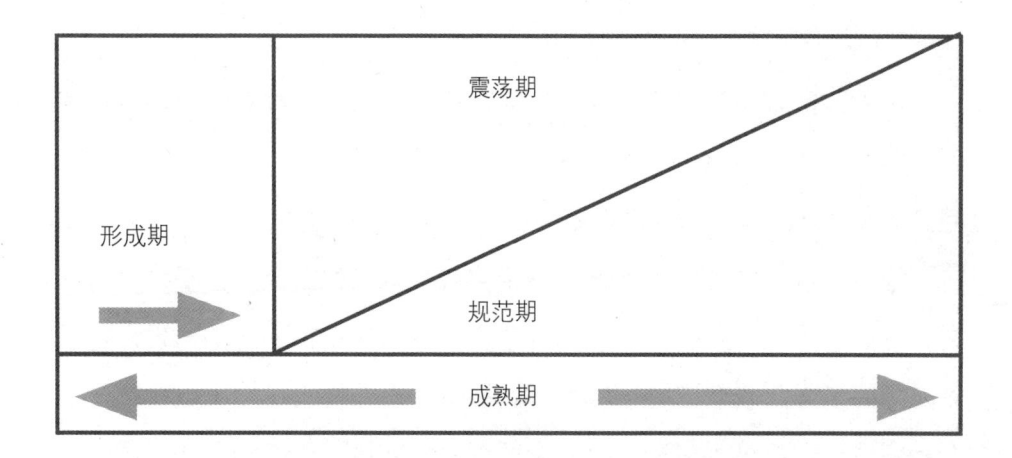

另一项研究来自凯特·卡西迪（Kate Cassidy），这项研究也支持上述观点，研究结果表明，冲突阶段的位置和定义存在差异。

我之所以如此强调（敏捷）团队发展中的冲突和震荡，是因为作为教练，我们的工作是管理、处理和利用与震荡期相关的能量，并将其转化为积极的变化，以提高团队绩效。那么，敏捷教练如何引导这种来自震荡期的能量呢？很简单，使用容器。

为什么"容器"对教练敏捷团队至关重要

在敏捷教练过程中"容器"的概念是一个很好的比喻，它形象地说明了我们如何为处于震荡期、规范期和成熟期的敏捷团队保持空间。想想看，"容器"可以防止震荡产生的能量溢出，并在团队形成和规范时不产生过度的破坏。我们的工作是创建这个"容器"。"该怎么做？"你问。我认为，敏捷教练团队"容器"包含两部分。

1. 敏捷框架：Scrum、看板，以及其他相关的敏捷实践。

2. 团队心理安全：能够充分展示自我，而不用担心自我形象、身份或职业的负面后果。

当教练团队遇到"反对"意见时，可以使用敏捷框架，使团队以最初约定的方式共同完成工作。从本质上讲，正是这些框架带来了秩序，阻止团队陷入混乱（也许有点儿夸张，但你明白意思）。有一种说法是，框架服务于你的教练工作。使用达成共识的框架允许你在同一时间告知或展示给整个团队，并为你的敏捷教练工作提供共同的出发点，而不是与每个团队成员进行10次谈话。敏捷教练往往会在培训或午餐学习会上完成这件事情：在同一时间与所有团队成员一起共创，将框架作为敏捷团队"容器"的一部分。

当我们教练较大的工作系统（如多达200人的敏捷团队）时，有一些扩展的框架可以为我们提供"容器"。在从事规模化敏捷教练工作的时候，我遇到了一些更有挑战性的工作，但就"容器"框架还没有达成一致。结果是在关于如何称呼不同规模的产品待办事项列表条目（如"史诗"与特性的命名惯例）上争论不休。此外，还需要为规模化交付定义角色和责任，这是一项非同小可的工作。如果你在这些方面没有达成一致的情况下就开始进行教练，这会大大增加你的工作的挑战性，因为过度的冲突（震荡）会分散大家的注意力，使其无法继续交付价值。

因此，我的建议是：要清晰——真的要清晰——关于工作方式的框架和商定的（最初的）起点。如果在这点上没有达成一致，冲突水平有可能变得过高并无限期地持续下去，团队可能永远无法达到规范期或成熟期。不要笑，我不止一次地见过这种情况。

最后，我必须强调在团队中建立和保持心理安全的重要性。关于"容器"的这部分内容，与你的框架同样重要。心理安全要从形成期创建团队契约和团队章程开始，然后一直到后续教练，以确保团队成员遵守商定的行为规范（即使在冲突中）。建立、保持和强化心理安全是教练的工作。你将与整个团队、小组和个人合作，让每个人对自己的行为负责。这就创造了安全，但请记住，安全感可以很快消失，所以你需要在团队形成时保持警惕。

把"容器"的两个部分结合在一起，你将有能力在团队进步和成熟过程中控制团队的能量。现在让我们利用塔克曼模型的修改版来考虑一下，这个过程具体是怎样发生的。

敏捷团队变革管理方法

以下是对塔克曼模型每个阶段的总结，以及我在教练敏捷团队时使用的三阶段方法。它还向你展示了如何利用响应式敏捷教练模型的不同行动。

阶段	塔克曼阶段	如何使用
1. 创建"容器" 教练使用敏捷框架为团队行为划定界限，通过共同理解带来秩序	**形成期** （团队刚成立，成员正在相互了解）	响应式敏捷教练模型的要素： **感知然后响应，告知或展示** 　经过一段时间的感知并了解情况后，敏捷教练通常会告知团队或向团队展示敏捷框架。这提供了支持团队形成的一个"容器"，可以是 Scrum 和/或其他敏捷框架与相关实践。明确工作方式的第一次迭代，记录并确保每个人对于这件事情有相同的理解。在这一阶段，教练应该促进团队契约和/或团队章程的创建，使团队能够就共享的规范达成一致，由此开始产生心理上的安全感
2. 克服阻力 在敏捷框架提供的"容器"中，教练要克服阻力	**规范期** （团队开始确定什么是他们共同认可的规范、价值观和行为）	响应式敏捷教练模型的要素： **感知然后响应，开放和保持** 　当团队在"容器"中"弹跳"时，会遭遇冲突和阻力，这是在预期内的，也是规范化的一部分。在这个阶段，教练要不断提醒团队注意团队契约，并通过保持空间（维护心理安全）来支持团队开放的交流 　当教练处理来自团队中一些强势人物的阻力时，等待和共同创造的步骤将发挥作用
3. 嵌入和重新激发 教练致力于通过对话、共同创造和嵌入来建立行为规范		响应式敏捷教练模型的要素： **等待和共同创造** 　团队开始习惯于进行开放式的谈话，开放式的谈话越多，进入规范期就越快。如果教练没有支持团队进行"开放和保持"的谈话，团队可能会陷入过度的冲突中。解决此类问题的最好方式是回顾会议和其他临时教练活动。对于符合团队契约的行为，要给予积极的强化
	成熟期 （团队继续工作，冲突被建设性的谈话取代，产出结果和输出）	响应式敏捷教练模型的要素： **嵌入** 　通过前几个阶段，需要实施的变革现在应该已经被嵌入。在这一阶段，教练开始从团队中退出，让客户自己去做，只是偶尔进行教练。因为敏捷的实施永远不会"完成"，所以教练要不断激励团队进行改进。嵌入的过程通常是通过"告知或展示"这种直接的方式实现的

持续的震荡
团队冲突的程度在各个阶段有所不同。教练需要在团队形成/规范的同时为团队"创建和维护"容器"

以上为你提供一些想法和建议，它不是规定性的方法，只是指南。下面我就每个阶段提供了更多的细节，以帮助你考虑如何在你的响应式敏捷教练中实践其中的一些想法。

第一阶段——创建容器

在这个为期4~6周的阶段中，教练会花很多时间来创建协商和选定的框架，或者明确敏捷框架的元素和模式。当敏捷教练服务正式开始时，人们通常期望教练能告知或展示团队应该做什么。教练的第一个动作通常是"告知或展示"，这是好的。通过向团队展示该怎么做，可以为团队带来一些秩序，特别当敏捷对团队来说是新事物时。这可以帮助每个人减少恐慌，并在知道这是一个过程时感到些许安全。我将其称为为工作系统创建"容器"。"容器"将是众多敏捷框架中的一个如Scrum、看板等。这个阶段将利用敏捷教练的"敏捷"部分，教练的主要贡献是用专业知识和敏捷知识来帮助团队。

正如我在晴天故事场景中解释的那样，只要前提条件到位，并且得到了大力的支持，你就应该开始告诉团队什么是敏捷，以及如何实施敏捷（从而创建你的"容器"）。你在这个阶段的工作是确保框架得到遵守，以便人们理解边界是不值得讨论的（至少在开始时）。这样你就可以观察团队中哪些人可能会抵制敏捷实践的实施。当你遇到阻力时，这就是"开放和保持"行动发挥作用的时候了。在第一阶段，你通常会在创建团队契约或团队章程的过程中，以及在定期举行的回顾会议上，与整个团队进行"开放和保持"谈话。这将确保你在实施敏捷框架时建立和保持心理安全。

这并不少见，特别是对于新团队来说，最初的"开放和保持"谈话是尴尬和困难的。团队成员还没有彼此了解，他们不确定这个环境是否安全。团队成员不会与不认识的人分享他们的想法、感受或为什么来工作。团队需要2~3个Sprint才能形成并达到这一点。敏捷教练的工作就是为团队保持空间，建立安全感。

第二阶段——克服阻力

在第二阶段，你开始在团队的小组中实施教练，通常是按角色进行教练，以及一对一的谈话。

在与这些小组工作时，由于你是与扮演同样角色的人讨论工作方式，所以这更容易促进你与他们就所面临的问题进行更深入、更开放的谈话。在谈话中，你要为团队成员保持空间，让他们分享想法和感受，同时评估他们的动机和目标水平。这也是确保每个人都遵守团队契约中约定的规范的时候；如果他们不遵守，那么就开放和保持空间，进行更深入的谈话，共同创造前进的方向。

你应该准备教练日志来记录从小组谈话及一对一谈话中获得的洞察，以解决团队工作中的问题和痛点，使团队能够向规范化阶段发展。

重要的是，只有在"容器"被创建后才能开始"开放和保持"的行动。为什么？因为"容器"能为教练做大部分的工作。教练通过告诉团队如何做和做什么，就不必去说服（单独教练）每个人。如果一开始团队拒绝了你告诉他们的最好的敏捷框架，可能是你获得的支持力度不够，也可能是你在建立信誉方面有困难，或者你实施变革的步伐太快。如果发生了这种情况，请后退一步，重新评估你的方法和步伐。

第三阶段——嵌入和重新激发

在第三阶段，教练将嵌入前两个阶段中已完成的工作。在这一阶段将有很多积极的强化活动。随着团队开始嵌入变化，即使小的收获也应该公开地庆祝。这个阶段一直持续到教练工作结束。第一阶段"告诉或展示"行动所完成的工作，以及第二阶段"开放和保持"谈话中共同创造的结果都有助于改进，第三阶段必须将改进嵌入团队的工作方式中。

我认为，如果敏捷教练能够在12周内达到第三阶段，那么他们就已经做得很好了。最好的敏捷教练知道如何加速，使团队迅速进入成熟期阶段。在我看来，能够实现加速是由于教练的响应能力——根据需要对团队、小组和个人采取纵深路径。

新手敏捷教练往往过度依赖"告知或展示"行动，结果往往是肤浅的，因为仍有太多未解决的冲突。如果没有进行更深层入的谈话来克服团队中的阻力，新手教练会发现他们在开始工作的许多个星期之后，仍然在试图解决团队的功能障碍。缓解这种情况的方法之一是确保有一个导师来观察你的工作，像"回音壁"一样给你反馈。

最后，在这个阶段，敏捷教练将重新激发团队，以确保他们不会太过安逸。团队目标是不断追求更高的绩效水平。你永远不会"完成"对敏捷工作方式的改进。

本章小结

- 本章提供了一个三阶段的变革管理方法，以帮助敏捷教练提高团队绩效：创建"容器"；克服阻力；嵌入和重新激发。
- 响应式敏捷教练模型中的行动可以与三个阶段的变革方法相结合，通过塔克曼模型（修改版），加速团队的发展。
- 敏捷教练带领团队达到成熟期阶段的合理时间是12周。要做到这点，进行敏捷教练的前提条件需要满足，特别是发起人的强有力的支持。

第14章 组合与实验

现在我已经带你了解了如何进行响应式敏捷教练谈话，我想总结一下如何把这些行动和步骤结合在一起。对我所描述的这个模型进行实践是有价值的，但我想让你明白，应用它需要进行实验性的检验并保持学习的心态，而不是教条地坚持。

第一次挑衅

挑衅，是我（通过大量的"反馈"）被告知我有很强的执行能力。挑衅在字典中被定义为"刺激或引起某人的反应或情绪（通常是强烈的或不受欢迎的）"，这个定义有一点儿消极。

在挑衅客户和直接惹恼客户之间保持平衡是一条很好的路线，我认为在敏捷教练工作中需要走这条路线。

当你经历三个阶段（我在第13章中所描述的）时，你也在试图唤起客户的反应或响应，这样你就可以了解下一步该怎么做（选择你的路径，采取行动或迈出下一步）。挑衅客户时获得的数据对于决定你的下一步行动至关重要，所以在挑衅客户后，提高你的感知能力是很重要的。

带给你的启示是，不要害怕造成一点破坏，使你的客户不安，特别是如果他们过于拘泥于现状的话。一旦你创建了你的"容器"（基本的敏捷框架和安全水平），这就变得很重要。

在告知和开放之间循环

敏捷教练过程中的响应能力意味着你已经拥有在不同行动之间切换或循环的能力：从"告知"（给客户安全感）到"挑衅"，然后是"开放"（看看在沉默中会出现什么）。EPiC Agile是一家澳大利亚的敏捷转型教练公司，其创始人布拉德·本尼特（Brad Bennet），也是本书的贡献者之一，甚至会去找到他的客户，向他们询问关于参与教练过程的体验是怎样的，以及他作为教练是否与客户靠得太近，就像检查温度一样，看他是否有过火的地方。试着把这种检查看成一个实验，并作为一种方法，用来调整你试图引入团队的变化的多少。

其他行动和组合的实验

响应式敏捷教练模型似乎沿着路径流动并且排列整齐，但这并不意味着你应死板地应用它。与专业教练的GROW模型类似，响应式敏捷教练模型帮助教练用来引导与客户的谈话，使教练能够知道他们在任何时间点的位置。如果你知道了自己的位置，你将能够引导谈话朝着目标结果前进。使用响应式敏捷教练模型的真正好处不是教条地遵守步骤、行动或路径，而是把它们作为地图，在教练谈话中帮助你导航（防止你迷路）。

一旦熟练掌握了谈话的基础知识，你就可以尝试以下的一些行动组合。

行动组合：

- ◆ 告知然后开放的快速循环。挑衅客户，使其以不同的方式进行思考，然后为共同创造打开空间，并以此交替进行。
- ◆ 尝试开放的行动，在沉默中等待一段令人不舒服的时间，然后，即使客户不说什么，也尝试通过播种一个想法来开始共同创造。
- ◆ 在嵌入之后，通过果断地告诉客户一个更高级的实践（就在他们认为停止学习新的和更好的工作方法是安全的时候），来迅速刺激客户。
- ◆ 如果你已经在尴尬的沉默中等待了一段时间，提出向他们展示（不是告知）。
- ◆ 展示而不是告知，对于那些从实践中学习而不能对言语做出很好响应的客户来说是很好的。
- ◆ 在响应时刻，你可以尝试任何行动或步骤来快速测试和学习；提供一个想法，看客户是否会接受，然后转而展示一些东西或使用一个开放式的问题，询问他们的答案是什么。这都是你（教练）在与客户交谈时，通过你收集的数据进行学习。
- ◆ 在感知时，要检查环境是否适合你做后续行动；往往你认为的时机可能是错误的，这意味着你可能应该把你的想法留到另一个时间。在练习感知时，你对时机的把握将变得更加准确，从而更快地产生结果。

练习基础知识，进行实验，然后掌握

我记得当我第一次开始学习如何做教练时，我非常想成为一名优秀的教练，所以我试图把我所学到的教练模型立即加以改进（因为我觉得自己更明白）。但我还记得当时我的教练和导师对我说的话，它一直伴随着我到现在：

"先掌握基础知识或通用版本的模型，当达到良好的熟练程度时，你再开始在香草配方中加入你的'调味品'。"

在你学会如何烹饪之前，将香料放入饭菜中并不是一个好主意，你在同一时间改变了太多。因此，我的建议是，将响应式敏捷教练模型的基本要素的使用变得游刃有余，并学习在任何时候觉察你在谈话中的位置。

一旦掌握了这些技能，你就可以考虑你认为是一个好主意的高级行动和变通的用法。使这个模型成为你自己的版本是非常重要的——作为教练，你需要真诚地教练他人——但要先掌握最基本的知识。我建议先对"友好的人"进行教练，他们会给你反馈。这是一种安全的方式，可以让你快速学习和提高。

本章小结

- 只有在掌握响应式敏捷教练模型的基础知识后，才可以尝试各种变化。
- 不同步骤和行动的组合为敏捷教练提供了机会，可以让他们"混合和搭配"响应式敏捷教练模型的不同方面，从而不断挑战自己，提高自己的教练成果。

第4部分
响应式敏捷教练的实践

敏捷可以非常理论化和抽象化。互联网上关于敏捷的价值观、原则和哲学的讨论非常多，也有很多关于敏捷某方面谁对谁错的激烈争论。最近，我花在理论争论上的时间少了，更多的时间是花在现场与教练们一起研究他们的实践。那么，什么是实践？下面是一个简单的定义。

"一种思想、信念或方法的实际应用，而不是与之相关的理论。"

我写本书的目的是为你提供指导性的脚本和相关的

实践，说明敏捷教练是如何工作的。它不是规定性的，而是一个指南，可以让你开始行动，帮助你学习敏捷教练谈话的路径。初学者在开始时需要一些关于如何进行（实践）敏捷的指南，这同样适用于敏捷教练。新手教练需要一套在现实世界中应用教练的实践，就像网球运动员需要停止谈论击球而在球场上练习一样。

提问是一种实践；对于敏捷教练来说，它是如此重要，我在书中用了大量篇幅来讨论如何在正确的时间提出正确的问题。我现在要带大家了解的是其他一些支持伟大的敏捷教练谈话的核心实践，让我们从倾听开始。

第15章 关键实践——倾听

如果提问是用来开启教练谈话的，那么倾听则是用来产生谈话内容的。通过倾听，当客户在考虑和反省时，敏捷教练利用沉默来"保持空间"。倾听还能确保教练在谈话中捕捉到正确的迹象和信号。如果教练不能保持沉默和深入倾听，那么我认为他就不是一个教练。倾听和沉默对敏捷教练来说是非常重要的。倾听有不同的类型、层次、深度，有很多模型对此进行了定义，但我参考了Presencing Institute及其四级模型。

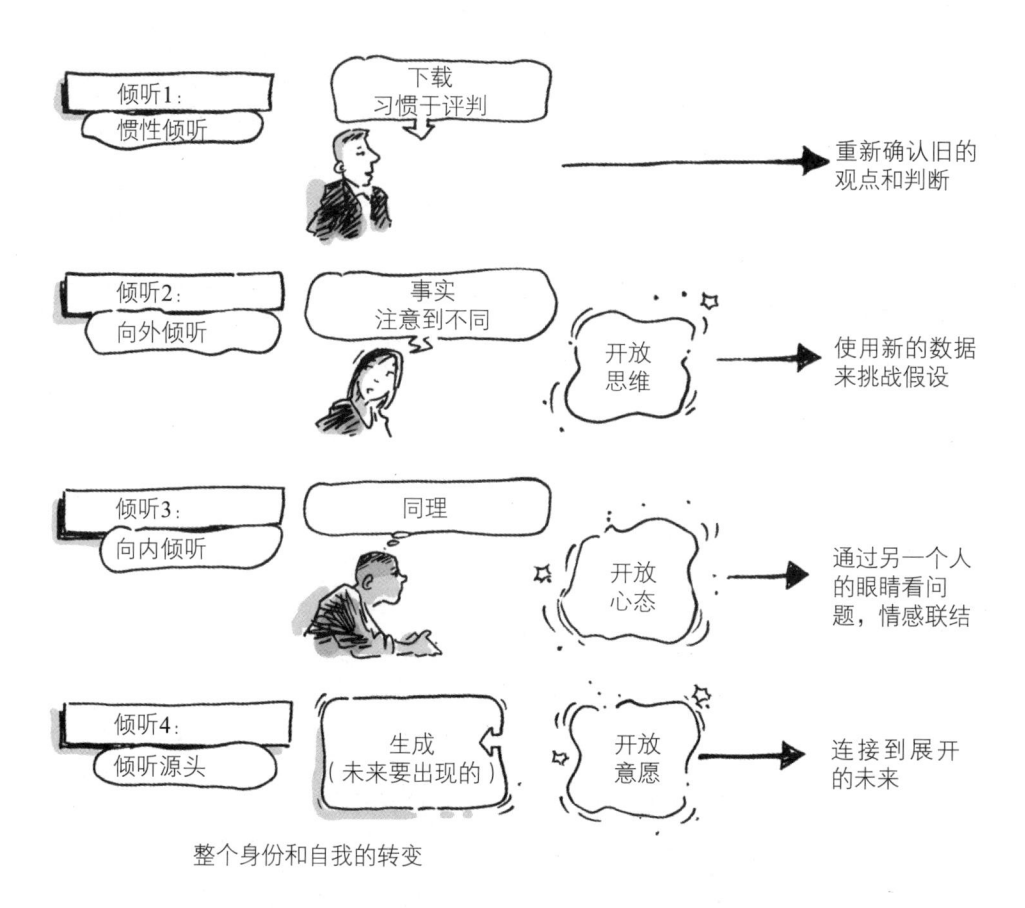

```
倾听1:              下载
惯性倾听          习惯于评判              ───▶   重新确认旧的
                                                观点和判断

倾听2:            事实
向外倾听         注意到不同     开放思维   ───▶   使用新的数据
                                                来挑战假设

倾听3:            同理
向内倾听                        开放心态   ───▶   通过另一个人
                                                的眼睛看问题,情感联结

倾听4:            生成
倾听源头        (未来要出现的)   开放意愿   ───▶   连接到展开
                                                的未来
```

整个身份和自我的转变

第1级——当你有正确答案时

第1级——下载。这种倾听发生在教练将他们的专业知识下载给客户时。教练通过将以前使用过的解决方案应用于某一情况来重新确认他们的观点。第1级的倾听不会产生新的想法,也不会为其他人的意见留下空间。

第1级倾听是相当肤浅的,有时被称为"侵略式"倾听,因为倾听者实际上只是在等待谈话中的一个小缺口,跳进去,提出他们的意见,他们并没有真正欣赏对方所说的。

不建议停留在这一级别,敏捷教练应该设法进入第2级的倾听,因为这是敏捷教练开始进入谈话的地方。

第 2 级——当需要听取事实和观点时

第2级——事实。这个级别的倾听应该是敏捷教练不断返回的级别，是倾听的基地。从这里开始，谈话可以沿着任何路径进行：纵深或横跨。在第2级倾听中，教练开始看到并倾听事实。教练开始用我们所说的"新的眼睛"来观察——注意到谈话中所讨论的内容（话题、数据和使用的语言），以及谈话中的人（身体语言）。当需要考虑多种观点和提出不同的观点时，这个级别的倾听是有用的。教练保持开放和非评判性，不参与观点争论，而是以开放的心态倾听和提问。

第2级倾听提示：

1. 在响应对方之前，从1数到4。
2. 100%没有评判地接受对方所说的内容，开放你的思维。
3. 强烈关注对方所说的内容，带着期待和真正的好奇心等待对方把话说完。
4. 放弃你自己的想法，把它搁置在一边。
5. 调整你的姿势，微微倾向你的客户，以显示你在认真倾听。
6. 点头并使用其他手势，表示你希望他们继续说下去。
7. 用"还有什么"来回应对方所说的话，唤起更多深度的思考。

第3级——当客户需要被感受到时

第3级——同理。这个级别的倾听侧重于对客户的情感、同情心和同理心。其目的是让客户感觉到自己"被感受到了"。换句话说，客户感觉到你对他们的处境和他们的感受感同身受。这让他们感受到安全，愿意敞开心扉，表现出他们的脆弱和真实。当你进入这个级别的倾听时，客户也会做同样的事情，这是谈话从辩论转向对话的前提。如果你敞开心扉，客户也会跟着敞开心扉；如果你假装坦诚，客户会知道真相，从而以关闭心扉来回应。其结果是一个"假的"开放的谈话，双方都愉快地笑着，但内心都在退缩。

敏捷教练在这个级别上倾听的一个关键因素是，不要试图"解决"客户的问题或给出答案，而是保持开放，为情感谈话"保持空间"。对于我所遇到的大多数专家级敏捷教练来说，第3级倾听并不是一个令人舒适的地方。事实上，对于大多数习惯于处理事实、数字和与敏捷有关的流程的专家来说，这是个可怕的地方。但是，响应式敏捷教练会学习如何进入第3级，与人们打交道，并深入倾听。学习的最好方法就是实践。

在这个级别上，教练的主要工作是感知正在发生的事情；通常，情绪的转变是愿意前进和实施新的敏捷工作方式的第一个迹象。因此，不要忽略情绪，要和情绪共处，将其视为一个机会，帮助客户在采用敏捷方面取得进展。

第3级倾听提示：

1. 对谈话的人要表示深切的关心，感受他们及他们的处境。

2. 不要评估或评判他们的情绪。绝对不要开玩笑，也不要对客户施以怜悯。

3. 如果出现情绪，请保持冷静；通常，沉默就足以推动谈话的进行。

4. 你不是治疗师，所以不要表现得像治疗师，也不要试图为客户治疗。

5. 不要试图转移话题来回避情绪；保持空间。

6. 当时机成熟时，通过提问将谈话推向行动："我们能做什么来继续前进？"或"这些情绪告诉我们要做什么？"

第4级——当每个人都需要重新连接到意图时

第4级——生成。这个级别的倾听是一项特殊的技能，需要发展良好的能力来保持开放的思维和心态，提出恰当的问题，然后等待，并让沉默发挥作用。之所以被称为生成式倾听，是因为其目的在于引发集体意愿（意图），令客户意识到改变和更好的（工作）方式是可能的。虽然现在你可能不会花很多时间（也许根本就没有时间）在这个级别的倾听上，但响应式敏捷教练会花更多的时间，因为他们学会了与客户共同创造新的工作方式，而不是把他们的观点下载到客户身上（第1级）。

你在此级别上倾听的一个关键指标是谈话的速度变慢，有更多的停顿和沉默，客户会思考他们被问到的问题。在这个级别上，教练正在等待如何进入更好的敏捷工作方式的迹象。

> **第4级倾听提示：**
>
> 1. 虽然你可能想用谈话来填补沉默，但不要这样做。
>
> 2. 当客户的想法开始涌现时，帮助他们，但要注意不要把你的意见过多地带入谈话中。倾听客户的想法，而不是说出你的想法。
>
> 3. 在第4级倾听时，动用你所有的感官和直觉，随着练习次数的不断增多，你的发现会越来越多。
>
> 4. 如果你注意到一些事情——姿势改变、深呼吸，或其他一些信号，表明客户可能发生了变化——在谈话中反馈这些信息，但不要附加你的想法。
>
> 5. 始终保持服务心态，问自己："我怎样才能帮助客户前进？"保持这种心态，不要提供想法或解决方案。
>
> 6. 在第4级倾听时保持正确的姿势——尽量保持直立和开放的姿势，向客户发出信号，你正好奇地等待着他们的下一句话。

如何倾听

四级倾听模型与响应式敏捷教练模型中的"开放和保持"的行动是完全一致的。

练习全神贯注地倾听是很难的。我们大脑中的声音是不会自动停止的，哪怕是一秒。因此，将倾听作为实践的一部分，在与客户进行谈话时不加评判地将自己内心的大部分想法放在一边，这是更深层次的倾听的核心。专注于客户，并使用提问来帮助你引导敏捷教练谈话，而不是在试图倾听客户时准备你接下来要说的内容。

我知道，要想进入倾听的第2级和第3级，最好的办法就是将你的意图定位为首先为客户的利益服务，其次为组织的利益服务。一旦你正确地设定了你的意图，客户就会注意到，这就使谈话更加深入，然后就是确保"保持空间"。

本章小结

在提问之后，倾听是敏捷教练必须掌握的最重要的实践。

- 在响应式敏捷教练模型中，有四个级别的倾听：下载、事实、同理和生成。这些描述词来自Presencing Institut的研究成果，是U型理论知识体系的一部分。
- 即使敏捷教练采取"告知或展示"的行动，也应尽量减少下载式的倾听。敏捷教练应该一直倾听，发现客户准备走纵深路径的迹象。因此，他们应该尽可能保持在第2级倾听。
- 第2级和第3级的倾听应该是响应式敏捷教练的默认倾听方式。
- 第4级倾听通常需要更深入的开放意愿的教练谈话。这个级别的倾听需要广泛的练习，以使教练技术变得熟练。

第 16 章 关键实践——正念

什么是正念，为什么重要

> "如果意识永远不能超越表面的事件和当前的环境，那么行动将是反应。"
> ——彼得·圣吉的《第五项修炼·心灵篇》

敏捷教练在与客户谈话的过程中总是在做选择。我应该告知还是展示？我应该听还是说？我应该打开谈话还是关闭谈话，抑或继续前进？这样的例子不胜枚举。那么，敏捷教练如何知道什么是当下应该做的事情？直觉起到了一定的作用，知识也起到了一定的作用，经验更是至关重要的，但正念是一种关键能力，当它被"激活"时，可以帮助教练做出有目的的、深思熟虑的决定。正念使教练能够抵制对习惯的依赖——教练已知的、安全的反应——并使他们能够与客户一起探索新的选择。

某知名网站给出了正念的定义：

"这是人类的一种基本能力，能够使我们完全处在当下，意识到我们在哪里，我们在做什么，而不是对周围发生的事情过度反应或被它们压垮。"

敏捷教练应该努力为客户服务，管理好自己，可以对所发生状况中不明显的信号做出响应，从而为客户提供最好的服务。从上面的定义中，我希望你能看到在帮助敏捷教练完成工作方面，正念有很大的潜力。

正念使人变得更冷静、更踏实、更少压力、更善良，也因此被大家普遍接受。谁不希望这样呢？

在《战略与商业》杂志的最近的一篇文章《领导力的神经科学》中，大脑科学家杰弗里·施瓦茨（Jeffrey Schwartz）和大卫·洛克提出：

"组织可以集中注意力来创造组织变革。随着时间的推移，组织可以通过制定例行程序来做到这一点，在这些例行程序中，人们会在工作中观察自己的思维和感受模式，从而提高自我意识。"

作为采用更好的工作方式的领导者，敏捷教练把正念作为一种方法，在创造行为改变方面发挥着示范作用。问题是，如果正念如此有用，为什么不是每个人都把它作为一种能力来发展？为什么我需要解释它有多好，并"说服"你把它作为你的敏捷教练实践的一部分？

原因很简单，正念练习的好处呈现出来需要时间。在正念练习和获得或体验到的好处之间存在延迟。而且，这些好处是间接的。它不像学习如何打网球——练习几小时，随着打球更准确、更有力量，你知道自己在慢慢进步。你甚至可以把球打到球场的角落里，经历一次完美的击球时刻，但当你坚持正念练习时，通常不会有这样的效果。你可能会进行几周的练习，并在练习的过程中感觉更放松，效果往往是累积的，需要时间。在一个即时满足的时代，正念需要太长时间才能让人们看到练习的好处。而好处显现出来时，一开始通常是微妙的，随着时间的推移，会带来个人深刻洞察力的突破性时刻。

对我来说，正念使我具有更好的状态，同时使我能够作为敏捷教练担任更高级的角色。如果没有正念，我会告诉他人，我知道答案，请听我说。现在，我在提出自己的观点之前会更多地倾听、观察和停顿，我更好奇问题的根源，而不是对流程做快速、战术性的修正。你的正念状态的水平是成为更好的敏捷教练的一个决定性因素。如果你很难在不做评判的情况下接受自己或他人，并且发现很难放下自己的专家身份及搁置自己的观点，那么练习正念就会极大地提高你的教练水平。

教练时刻（机会）往往转瞬即逝，需要立即采取行动。这就是教练"当下"的含义。这是敏捷教练的一项预判技能，而正念是执行它的关键，因为它能让你回到当下（这就是行动的地方）！

如果教练处于正念状态，他们在扫描环境中的教练机会时就能更好地"感知并做出响应"。具有正念状态的敏捷教练可以暂时搁置自己的想法和判断。他们把自己的观点排除在谈话之外，从而为客户开放和保持谈话的空间。通过这样做，客户将以新的方式去思考和行动，这对第2~4级的谈话尤其重要。

如果教练没有处于正念状态，他们甚至不会注意到，自己正在陷入给客户建议和告知客户的旧有反应习惯中，而客户需要的是教练的倾听。我之前描述的高级敏捷教练所缺失的能力是，他们无法有意识地选择，而是被动地成为专家。

正念——帮助你使工作变得有意义

随着自我意识的提高,我能够更好地应对具有挑战性的情况,而不只是做出反应,这对我来说是一次有意义的经历。我想与大家分享最近的一项研究,该研究支持了一个观点,即敏捷教练通过提升正念状态的水平来发现工作的意义。

如果说医生的工作是为了减轻病人的痛苦,那么敏捷教练的工作也有类似的意义,那就是解决导致员工体验不佳的工作场所功能障碍。在一项名为"提升工作的意义,预防医生职业倦怠和促进以病人为中心的护理的处方"的研究中,泰特·沙纳费尔特(Tait D. Shanafelt)博士调查了正念练习如何为医生的工作和生活带来意义。

这项研究成果非常显著,仅仅52小时的正念练习,就能对医生的决策能力产生15个月的持久影响,并在工作中创造更多的意义。以下是论文中的一段话,很好地概括了这一点:

"参与者的正念状态水平和定位能力有很大的提高,可以被立即检测到,并且可以持续15个月。医生在职业倦怠、情绪干扰和同理心方面也有很大的、持久的改善。这些变化与正念状态水平的提高相关,表明加强医生对自身经历的关注,不仅能提高他们对病人的服务水平,还能减少医生的痛苦。"

另一篇由同一作者和他的同事撰写的题为《高校教师的职业适应性和职业倦怠》的论文,调查了需要多少有意义的工作才能将人们的工作满意度提高到足够的水平。他们的研究结果表明,每周大约一天有意义的工作,就足以支撑我们完成角色中不得不做的枯燥的行政工作。这些有意义的工作不一定要每天进行,可以将其分布在整个一周内。

我的经验跟这一研究结果也是吻合的,如果我能够以某个角色做足够有意义的工作,我就会感到高兴和满足,即使我不得不在大部分时间内承担行政或琐碎的工作。但如果我"创造"意义的能力被剥夺了,那么我就会开始评估这个角色是否适合我。作为敏捷教练,我们很幸运,因为我们(应该)有足够的机会进行有意义的谈话,通过我们的教练工作帮助他人学习和成长。响应式敏捷教练模型是一个进行敏捷教练谈话而产生工作意义的模型,而正念是通向工作意义的大门。如果你学会了如何正确使用正念,那么在一天和一周中产生具有意义的时刻就不会有问题,你只需要把它作为一种实践。在教练过程中实现这些"有意义的时刻"的最好方法之一,就是通过正念练习。

正念——练习

详细概述敏捷教练如何进行正念练习超出了本书的范围,因此本节只是简要介绍需要考虑的关键方面。

正念不是什么特别的东西,它总是可用的。我们只需要把注意力放在当下。如果有那么一刻,我们能停止重提过去或预演未来,我们就会在当下,如果我们关注当下,我们就会注意到正在发生的事情。

让我们做一个简短的正念练习,帮助你掌握基本知识。

下面是一个3分钟的练习。你会发现它看起来很简单,那是因为它确实很简单。正念就像很多练习一样,简单易学,却难以掌握。记住,它应该是实践出来的,如果以前没有做过这样的事情,你会感觉很奇怪。

如果你以前从来没做过类似的练习,那么似乎你离响应式敏捷教练还有很长的路要走。我明白你只是想成为敏捷方面的专家,但总有一天,你会意识到这还不够,你需要有能力将自己的敏捷专业知识放在一边。我不能说得更明白了,现在就开始练习,以便从一开始就把正念纳入你的教练过程。然后，随着你的专业知识的积累，你也将发展出能够响应客户并遵循最有利于客户的谈话路径的能力。

正念练习

1. 关闭你的手机和任何其他电子设备，清除所有的干扰。

2. 设置一个定时器，以轻柔的铃声作为提醒，持续三分钟。

3. 在你的椅子上坐直。最好是一个牢固的座椅。

4. 想象有一根绳子把你的后脑勺往上拉，稍微收起你的下巴，轻轻闭上嘴巴。

5. 将你的手放在你的大腿上。

6. 闭上眼睛或只是垂下眼皮。

7. 用腹部呼吸。

8. 跟随你的呼吸，对自己说："吸气、呼气、深入、缓慢、平静、放松。"在呼吸的时候不断重复这句话，持续3分钟。

9. 你的思绪会飘忽不定。当这种情况发生时，提起注意并回到你的呼吸上。这就是练习！回到你所在的地方。另外，注意你的姿势，如果你的姿势倾斜了，请调整到坐直的状态。

10. 重复3分钟（如果在家里时间可以更长，开始时最多20分钟）。

11. 当计时器响起时，停下来，感受一下。你的感觉如何？你在之前、期间和之后都注意到了什么？也许你可以把想法写在日记里。

上面的练习只是方法中的一种；类似的练习还有很多，但它们都遵循相同的原则，即让你的注意力回到当下。

注意力和回到当下才是练习的关键。

下面有一些建议，是关于如何将正念纳入你的一天。我通常建议在三种方法中至少尝试一种，将正念带入你的生活。

头脑——与你的思想合作

这包括以某种形式观察你的想法，并不加评判地接受它们，通常与冥想有关，就像在上面的练习中我所描述的那样。

心灵——与你的情感和感受合作

这涉及同情或感恩活动，通常与冥想结合在一起，但也可以以写日记的方式进行，写下对生活中的人和事的感谢。

身体——与你的感觉和姿势合作

冥想也包含身体方面，但瑜伽或正念更进一步，将身体融入当下。有意识地观察自己在工作中的姿势，让身体也参与进来。

通过练习回到当下，你会逐渐提高自己的选择能力，这也使你能够在谈话中重新连接到为客户服务的意图。换句话说，它可以帮助你提醒自己，你为什么在这里，应该注意什么。

在培养正念时，考虑自己的倾向也很重要。如果你是逻辑型的人，那么你可能会被冥想所吸引，以此来平静自己的头脑；如果你是一个感受型的人，那么你可能对于心灵的练习更感兴趣。无论如何，我鼓励你在进行教练时保持正确的姿势。这是一项核心练习，可以让你集中注意力，尤其是在感到压力或紧张的情况下。挺直背部和用腹部呼吸是你现在就可以尝试的事情。现在就这样做，并观察它是如何将你的注意力带回并帮助你重新集中注意力的。

创建你的正念练习

当我指导教练时,我建议他们用以下三种方式中的任何一种来练习正念。每种方式都可以独立使用,也可以组合使用,这取决于教练的工作方式、生活方式,以及个人喜好。以下是将正念落实到日常工作中的三种方式。

- 正式练习:通常在工作场所之外,在家里,在预定的时间进行练习。
- 非正式练习:在日常工作中的"暂停"时间练习,可以预定时间,也可以不预定时间。
- 偶尔练习:作为活动的一部分,在工作/生活时进行正念练习,通常使用触发事件或活动。

我建议你为自己制订一个正念计划,将之前介绍的一个或多个练习方法,与上面列出的一种或多种方式结合起来,然后直接开始。这需要投入时间和精力,以培养你的正念能力。例如,以下是一个建议的计划,每天投入20~42分钟来培养正念。

- 早上6点:10~20分钟的静默冥想。

- 每次打电话时，先进行意识检查，坐下后后背挺直。

- 在一天中，进行3～4次2分钟的正念呼吸常规练习。

- 晚上9点30分：写感恩日记，感谢生活中的人和事，5～10分钟。

这只是一个简短的指南，但我强烈建议你购买一些关于这个主题的书籍。

> **本章小结**
>
> - 正念对我们来说有很多好处，尤其能让敏捷教练提高响应能力。
> - 将正念带入生活的方法包括：头脑（思想）、身体（感觉和姿势）或心灵（情感和感受）的练习。
> - 将正念带入生活的方式包括：在家里的正式练习，在工作中的非正式练习，以及一天中的偶尔练习。
> - 制订一个正念练习计划，并立即付诸实施，这将为你发展自己的职业生涯并把响应能力融入你的教练过程之中提供支持。

第17章 关键实践——习惯管理

敏捷教练的习惯

响应式敏捷教练有能力根据客户的需求和情况选择正确的行动。大师级教练能够熟练地执行我提到的所有行动,可以自由地在路径之间起舞,他们根据需要可能先选择纵深路径,让谈话深入下去,然后再选择横跨路径。我的经验是,要达到这种水平的响应能力,敏捷教练需要改变一些旧的习惯,学习一些新的习惯。

习惯是在进行敏捷教练时需要关注的一个非常重要的方面。习惯被定义为:

"一种固定的或经常性的倾向或做法,尤其指难以放弃的倾向。"

正如我在书的开头提到的,许多专家级的敏捷教练已经失去了像初学者那样的思考能力;他们已经养成了不自觉地给建议的习惯(告知或展示)。而初级敏捷教练需要意识到他们需要新的习惯来成为优秀的敏捷教练。所以,习惯对于敏捷教练来说很重要。在本章的剩余部分,我将花一些时间概述习惯是如何运作的,以及它们如何影响你的响应能力。

习惯的结构

敏捷教练与客户的谈话是个性化的。在进行谈话时，你的习惯、特质和个性会发挥作用。要成为教练，你需要全方位了解自己的习惯，以及当你与他人交谈时，这些习惯是如何影响你的。优秀的敏捷教练知道在教练谈话中他们的哪些习惯是为客户服务的，哪些不是。一旦你了解了习惯是如何运作的，你就可以通过改变你的习惯来改进你的教练。从本质上讲，这就是成为响应式敏捷教练的关键——通过改变你与客户交谈时的习惯性反应。听起来很简单，但需要你用一生的时间来掌握。下面这张图片解释了习惯的要素；我将在接下来的内容中逐一解释。

惯性行为

回报

提示

提示

一个提示信号使你的习惯开始运行，它启动了惯性的做法、自动的反应、流程，或者行为。习惯的目的是为我们（特别是我们的大脑）节省能量，提供解决问题的捷径，而不需要我们去思考。大多数时候，它们为我们服务，并产生我们所寻求的回报，但有时它们是没有用的。

作为响应式敏捷教练，很大程度上意味着你要将自己的意见、想法和判断排除在谈话之外，让客户安全地分享他们心中的想法。我所说的"安全"是指不对客户面临的问题进行评判、评估或提供替代方案。我写本书的原因之一是，我观察到高级敏捷教练都有一个习惯，我们把它称为"专家习惯"，即用你认为的解决方案来回应别人的问题。这种习惯不仅仅是敏捷教练的挑战，它也是人的一种特质。但作为敏捷教练，我们需要抵制提供建议、解决方案、经验、想法或意见的冲动（用习惯术语来说，就是渴望），因为这对客户没有帮助。

大多数教练不知道他们有"专家习惯"。你呢？当你听到客户面临一个棘手的问题，而你之前已经解决过类似问题时，你的第一反应是什么？稍后我会提供更多关于如何管理你对这样的提示的反应的指导。现在，我只想让你明白，提示是存在的，你可能没有注意到，提示让你形成了一种惯性的行为，这也许可以服务于客户，但也许不能。

惯性行为

正如前面提到的，惯性行为就像你在激活（提示）时运行的程序。惯性行为大多在自动驾驶的情况下运行；这就是为什么它是习惯的一部分——记住，它为你节省了能量，你不必思考。通常情况下，惯性行为可能是一些习惯动作，但也可能是想法、故事，或者身体反应。有时，当一个人的提示被触发时，他们的身体会有反应。也许在你的经历当中也有过类似的情况，你无意中听到有人问其他人一个问题，正好你知道答案，你就立即跳进谈话中，给出你的答案。这就是一个由影响你的事情触发的提示。它运行的程序是"提供解决方案"，为此，你（可能）从他人那里得到了感谢。

作为教练，你需要改变你的惯性行为，以便能够响应那些提示你是时候进行教练（做你的工作）的线索。

渴望

那么，这些习惯是如何变得如此根深蒂固的呢？答案是，它满足了一种渴望，或者说是一种"想要得到什么的强烈愿望"。渴望是习惯的引擎，它们给了习惯能量和力量。没有渴望，习惯就不会形成。营销和销售人员将渴望作为一种手段，让人们购买那些未被证明有效或对消费者不健康的商品，如酒和烟，但也有标准消费品，如牙膏和洗发水。例如，洗发水和牙膏的发泡特性对消费者没有任何价值，但由于使用这些产品时的审美体验，人们会产生一种渴望。事实上，神经学家已经确认，牙膏带给人的刺痛感是第二次世界大战后人们使用牙膏的主要驱动因素。这种刺痛感对清洁牙齿没有任何帮助，但人们认为除非刷牙时有刺痛感，否则牙膏就没有发挥其作用。

在我的经验中，敏捷教练通过提供指导敏捷实施问题的答案，被公认为专家，并因此获得认可和奖励。这就造成了整个行业对"专家"及"正确"和"被倾听"的渴望。敏捷教练习惯中一些最具反效果的渴望还包括对控制的渴望。想象一下，一个敏捷教练渴望做得正确，渴望被倾听，渴望掌控。这可能让你觉得好笑，但这并不是开玩笑，因为我见过很多拥有这些渴望和相关习惯的敏捷教练。这种想法自然延伸就形成了一种观念"谁拥有最多的敏捷知识，谁就是最好的敏捷教练"。当然，我不赞同这种说法，并认为尽管敏捷教练应该具备敏捷知识，但专家习惯是造成许多高级敏捷教练缺乏响应能力的原因。这种对专家的渴望与他们发展响应式敏捷教练的能力背道而驰，因为每当他们的答案不被客户接受时，他们就会陷入争论，无法将谈话转变成深入对话，他们就会被卡住。这说明许多高级敏捷教练需要忘记和改变现有的习惯（接下来会有更多的介绍）。

你的性格和社交风格

作为敏捷教练，我们需要比一般的专业人士更清楚我们的性格是如何影响我们的工作的。你的性格对你的习惯有很大影响。最近本杰明·查普曼（Benjamin Chapman）和刘易斯·戈德堡（Lewis Goldberg）发表在《性格与个体差异》杂志上的一项研究，调查了一系列（400个）普通的、偶然的，或"日常"的行为（习惯），并发现这些习惯与人的性格有显著的统计关联。例如，在"责任心"上得分低的人有拖延的习惯。还有一个例子相当有趣，高"亲和性"与洗澡时唱歌的习惯有关。简言之，你的性格和行为习惯是紧密相关的。

作为教练，我们不能让自己的习惯在与客户的交谈中不受控制地运行。教练和所有人一样，通过大脑中的不同区域调节自己的习惯。正是我们头脑中这些经常相互矛盾的声音，在一天辛苦的工作之后，争论着"吃甜甜圈和吃苹果"的好处。一个自动的惯性习惯是寻求情感和感官的愉悦（吃甜甜圈），而另一个你可以做出的选择（不是惯性习惯）是逻辑的、健康的选择（吃苹果）。我现在不谈脑科学，但当我们提供敏捷教练服务时，这些声音也在发挥作用。习惯性反应强烈地影响着我们与自己的内在对话：我应该告诉他们我所知道的，还是应该让客户自己找到答案？

敏捷教练面临的挑战是，有时我们的性格和相关的习惯是如此根深蒂固，一旦被触发，就会迅速产生行为，以至于我们甚至不知道自己正处于一个可以选择的时刻。教练可能并没有意识到这些习惯，这就好比水中的鱼，鱼不知道水是什么，因为它游在水中。

不同性格的人在社交场合有不同的需求。当人们与他人交谈和互动时，他们"渴望"的东西是不同的。描述敏捷教练如何与客户互动的一种方式被称为"社交风格"。研究表明，当试图区分不同的人如何看待社交互动（如在敏捷教练的谈话中）时，可用"社交风格"进行解释。社交风格模型有助于敏捷教练了解自己和客户在谈话中的需求。在下面的表格中，我解释了关于不同风格的研究要点，它显示了每种风格在社交互动中所寻求的东西。重点是，要成为响应式敏捷教练，你必须能够控制你在与客户谈话时的任何社交需求和渴望。你的需求必须放在一边，以客户的需求为中心，即使这与你的性格或社交风格相悖。

完美型 渴望正确	控制型 渴望成为老板
团队型 渴望被接纳	寻求关注型 渴望被倾听

如果我们把这个模型应用到敏捷教练中，你就会开始明白为什么提供响应式敏捷教练服务会如此之难。例如，想象一下，假设你的社交风格是"寻求关注型"，你有被倾听的强烈需求（甚至是渴望）。作为教练，你的工作不是成为注意力的中心，你应该把客户的需求放在第一位，而你的社交风格希望谈话以你的需求和你要说的内容为中心。当然这没有什么益处，因为谈话应该是让客户感觉到被倾听，从而帮助他们解决在实施敏捷方面的挑战。其他性格类型的教练也是如此——控制型的教练需要放手；完美型的教练需要让客户按照自己的节奏来解决模糊的问题。

所以，无论性格测试把你描述成什么样子，都不重要。作为响应式敏捷教练，你的挑战是培养一种能力，把你的个性化需求和你在社交互动（教练谈话）中的渴望放在一边，保持开放和灵活，为客户服务。

作为敏捷教练的收获

敏捷教练的收获通常是解决了客户在采用敏捷时遇到的问题。如果敏捷教练能够回顾他们开展教练的工作系统，并观察到该系统中人们的行为改变和思维方式的转变，那么他们就获得了来自工作的回报。此外，如果该系统能够自我学习，并且能够在教练不在场的情况下持续改进，那么教练就已经将工作方式嵌入其中。

以上是敏捷教练得到的收获，还有很多，如帮助他人的成就感，做出改变，或者成为比自己更重要的事情的一部分。关键是这些收获没有好坏之分，我们试图改变为获得回报而运行的惯性行为才是重点。你如何改变习惯？你要有意忘却它。我们将在第18章详细介绍这一概念。

> **本章小结**
>
> - 管理你的习惯和社交风格对你实施教练的影响，首先要有意识，所以，要开始注意你的惯性行为和你的性格特征。
> - 你的习惯和性格已被证明是密切相关的。要了解自己的性格，以及一旦习惯被"提示"所触发，你所运行的不同的惯性行为。
> - "专家习惯"是敏捷教练中的一个大问题，因此，要注意你的敏捷经验在教练过程中是否发挥了过度的作用。要学会在适当的时候扮演非专家的角色。

第18章 关键实践——有意忘却

如果你已经掌握了所有的敏捷知识,并在导师的支持下于敏捷实践中证明了自己的能力,而且坚持了几年,你很可能会实现交付高质量敏捷教练的目标,但可能不会成为响应式敏捷教练。"什么?为什么?"我听到你在问。响应式敏捷教练不仅需要培养新的能力,还需要"有意忘却"旧的习惯。有意忘却并不是一种新的现象,但最近,它随着有关这一主题的书籍而流行起来,并被视为在敏捷转型过程中实现员工心态转变的一个重要工具。有意忘却的概念与神经科学和行为心理学相关领域的研究,为教练提供了加速职业发展的重要工具,因此,我将其视为一项关键的实践。那么,当我提到有意忘记那些无益的习惯时,我到底是什么意思?意思不是要停止你的习惯,而是要改变它们。

你的习惯性反应是由提示触发的——强烈的行为模式(几乎)不可能被消除——但习惯是可以被改变的。让我解释一下。

惯性行为

回报

提示

我们已经在第17章介绍了习惯，但我想重点介绍一个具体的方面，它是帮助你忘却运行惯性行为的核心。

在《习惯的力量》一书中，查尔斯·杜希格（Charles Duhigg）总结道："习惯是如此强大，以至于我们不应该试图摆脱它们，而是改变它们。"他接着说，"习惯的提示和遵循惯性行为得到的回报是很难改变的，而中间的惯性行为是最容易改变的。"他建议这就是我们应该关注的地方（在有意忘却的练习时）。

例如，当你被问到这样一个问题："产品负责人应该总是参加回顾会议吗？"你的习惯性反应可能是提供你的意见和答案，以便展示你的专业知识，从而获得"客户满意"的回报，并满足你对"正确"的渴望。但是，如果你给出的答案并不是服务客户的最佳方式呢？如果这个问题最好通过敏捷教练对话来回答呢？

这就是响应式敏捷教练选择不同的行动（代替告知或展示给客户），在相同的提示下运行不同的行为，从而获得相同的回报。在这个例子中，敏捷教练要经得住诱惑，不屈服于对"正确"的渴望，通过进行更深入的教练对话来获得相同的回报（开放和保持的行动）。

我们可以对所有无益的习惯使用同样的方法——改变那些不能服务于客户的惯性行为。如果想要提供响应式敏捷教练服务，以下是我看到的敏捷教练需要改变的习惯。你可能还没有这些习惯，如果有的话，无论如何都要记下来，这样你就可以在你的职业生涯中随时留意自己和自己的行为。

有意忘却的机会 1——"我是专家"的反应

第一个习惯是成为响应式敏捷教练最需要关注的，如果你想在更高级的职位上表现出色，就需要"忘却"这个习惯。

当被要求帮助解决敏捷问题时，忘却你的专家反应。

正如我之前所说，当被问及敏捷问题时，响应式敏捷教练的第一个动作就是停下来，将专业知识放在一旁，并感知环境，考虑什么是最适合客户的。要做到这一点，敏捷教练需要将"有意忘却"作为专家的习惯性反应。

我相信，当你被公认为通过提供信息或建议来解决问题的专家时，你一定经历过多巴胺的冲击。感觉很好，对吧？当然了，谁不喜欢自己是正确的，并且能够解决别人的问题呢？

我经常和敏捷教练谈论他们的动机，从中得出的一致性结论是，他们享受这种感觉并从这种小小的回报中获得一种使命感。请不要认为我反对教练通过对客户的问题做出正确的回答而获得回报——这非常重要——但是我的观察告诉我，这使教练养成了强大的专家习惯，以至于教练已经失去了响应的能力。让我带你了解另外两个有意忘却的机会，然后我将分享关于如何利用有意忘却来改变无益习惯的方法。

有意忘却的机会 2——解决问题的反应

敏捷教练认为他们总是能找到解决客户问题的方案，他们总是想快速地解决问题，这是一种反应，而不是响应。

敏捷教练如果有这种习惯，他们的惯性行为是看到问题就立即在脑海中填上答案，或者在谈话中直接说出自己的答案。这两种情况都没有帮助，但后者是最有问题的，因为它中断了谈话，并可能引发客户与教练的辩论。

有意忘却的机会是，教练要意识到他们即将运行习惯性的程序——提供解决方案，这时需要暂停，并考虑如果下载他们的答案（"告知或展示"）是否会为客户提供帮助，或者"开放和保持"的行动是否能更好地服务于当下的情况。触发点都是"客户问题"，回报也是同样的，那就是问题得以解决，但惯性行为被改变为"教练开放和保持"，而不是教练习惯性地将答案告知或展示给客户。当然，如果简单地告诉客户该怎么做是适当的做法，而且教练也是如此响应的，那么这是一个好的结果。

有意忘却的机会 3——回避情绪的反应

在第9章，我花了一些时间讨论敏捷教练如何通过敞开心扉将谈话从辩论转向对话。为了做到这一点，教练将与情绪打交道。回避情绪就像敏捷教练在说"我不想和人类一起工作"一样，这意味着把世界看成一个需要优化的流程，无视大多数人类行为的驱动因素。

很难相信，和我一起工作的许多敏捷教练都难以在谈话中就客户的情绪进行讨论。他们所形成的习惯是默认逻辑、流程和工具作为敏捷问题的解决方案。但从根本上说，所有的敏捷教练问题都是关于人的，而每个人的行为都会受到情绪的强烈影响。

通过练习正念，敏捷教练会对自己的情绪状态和客户对处境的感受有更多的自我意识。通过提高你对情绪的觉察力，你将能够发现你在谈话中何时运行避免谈论情绪的习惯性程序。

情绪进入教练谈话的第一个信号可能是你的感受或客户的感受。警觉自己内在状态的变化或客户变得情绪化的迹象，对于敏捷教练来说都是重要的技能。如果没有这种情绪检测技能，你就会错过客户发出的信号，你就不能满足客户的需求，谈话就会停留在表面。回避情绪的教练通常会把他们的想法、解决方案或答案下载到客户身上，而忽略了（来自客户的）"要求"和将情绪带入谈话的信号。敏捷教练在离开时认为自己做得很好，得到了回报，客户却不满意地离开。

有意忘却的方法

有意忘却练习是成为响应式敏捷教练的核心。为了更好地服务你的客户，你必须持续关注你正在形成无益习惯的迹象。一旦观察到有意忘却的机会，你就可以练习我告诉你的这些方法。以下是我经常使用的练习步骤，并且我也经常帮助其他人这样做。

1. 描述那些成为触发因素的提示。有意忘却（摒弃）习惯的第一步是发现触发（开始）无益惯性行为的提示。你对触发因素的描述越精确、越详细，你注意到并能够用有意识的行为进行替代的机会就越大（响应而非反应）。写下何时、何地、何人，以及与提示和触发因素有关的其他信息是很重要的。

2. 设计备选行为，用来替代无益的惯性行为。例如，当有人问你一个关于敏捷的问题时，你不会迅速做出反应，用答案来证明自己，而是会暂停一下，吸一口气，考虑一下问题和询问人的意图，时间为3～5秒。可以用下面的格式来设计一个习惯实验：

当____<此处插入提示>____发生时，

我将____<此处插入新的习惯>____，

而不是____<此处插入旧的习惯>____，

从而使____<此处插入收益和回报>____。

3. 在接下来的几天和几周内设定你的练习意图。要知道这是一个现场实验，当你迈入新的一天时，专注于可能有机会练习的地方（运行你的实验）。这样做会增加你注意到你的提示的机会，使你能够运行备选行为。构建有意忘却实验，在固定的时间周期（时间盒）内运行。

4. 识别、观察和监测。认知行为疗法（Cognitive Behavioral Therapy,CBT）利用反思日记帮助患者评估他们自己的消极想法和情绪，这一心理学技术也可以应用于你的有意忘却练习之中。与CBT中患者利用他们的日记来挑战错误的信念不同，我们利用这个机会来挑战我们无益的惯性行为，并用其他的行为来替代。坚持记日记，记录你的日常实验，记下你的想法和见解。反思，然后重新计划你的下一组实验。当你测试关于你的习惯的假设时，用这本日记来记录结果。只要注意到你的惯性行为，你就已经是在改变它了。这就是CBT是如此强大的原因。

5. 公开并获得支持。如果没有周围人的帮助，不要试图改变你的习惯。孤军奋战只会让你陷入内心挣扎；把你的目标分享给你觉得可以向其展示脆弱和敞开心扉的人。寻求反馈和帮助，特别是在识别和监控你注意到提示和惯性行为的努力方面。另外，与你的导师和同行进行交谈，我建议你向他们展示你的日记，并与他们合作，来帮助你设计实验。

6. 在时间盒之后进行回顾。在一个时间周期结束后，评估实验见解和结果。如果数据（事实）和你的感觉表明，你已经有效地将新的行为嵌入你的旧习惯中，那么你可以结束这个实验；如果没有，就设计一个新的实验。你的日记中既会有见解和感受，也会有所需的数据，来帮助你评估该怎么做。

重要的是，不要同时进行太多有意忘却的实验。我通常建议我所指导的教练一次最多进行两个实验。将你正在进行的实验限制在两个，这样可以加深你的洞察，并加快有意忘却的过程。

现在是暂停阅读并为自己设计一些实验的好机会。以我提供的有意忘却的机会为开端，再加上你自己识别的机会。与同伴或亲近的人谈谈，他们会透漏一些你周围的人认为无益的其他习惯。这种做法可以用在你生活的任何领域，而不仅仅是敏捷教练领域。

本章小结

- 有意忘却是指改变我们生活中的习惯性的、反应性的行为，这些惯性行为是由我们在生活中的提示而触发的。
- 敏捷教练有三个有意忘却的机会可以改变无益的行为：成为反应型专家、反应性地提供解决方案，以及回避情绪化谈话。
- 建议敏捷教练使用提供的模板，来开发他们的有意忘却练习。

第19章 关键实践——唤起临在状态

什么是临在，为什么它很重要

你可以控制你的意识，将其投注在当下，对于教练来说，它可以帮助教练在和客户的谈话时唤起临在。临在是共同创造新的敏捷工作方式的前提条件。当敏捷教练能够为谈话"保持空间"时，它是一种被唤起的状态。

你知道临在状态是怎样的，因为我们都经历过这样的时刻：突然间，各种可能性被打开了，你看到了围绕着正在处理的问题的"更大的整体"。你同时看到了树木和森林，并意识到有一条前进的道路。有些人称它为"重塑"或"啊哈"时刻，你对事情的看法发生了变化，你从不同的角度看问题。道格·西尔斯比（Doug Silsby）是研究教练如何利用临在工作的世界级领导者之一，他将临在定义为：

"当下的一种意识状态，其特征是对永恒、连接，以及更大的真相的感受体验。"

这个"更大的真相"的概念，对我们敏捷教练来说很重要，因为它代表客户看到了更大的画面与他们具体的个人情况的关系。敏捷教练的工作是帮助客户看到这个更大的画面或更大的真相，然后与我们一起设计出一条通往更好的工作方式的道路。

如果你是一个逻辑驱动型的人，你可能对临在的解释感到费解，很想忽略这一章，直接跳到提供敏捷教练服务流程的内容。请听我说，否则，你会错过响应式敏捷教练模型的一个关键因素。

通常情况下，客户在遇到突破性时刻时会体验到临在状态。你也会有这样的时刻；有时它们是深刻的、深远的；有时只是在那一刻出现了一个有趣的、新的视角。临在通常被称为"感觉体验"，在响应式敏捷教练模型中的"等待然后共同创造"行动中最为明显。

临在经常被作为一个精神概念来讨论，但这只是一个巧合。因为深刻的洞察力常常来自冥想、祈祷、瑜伽，或者其他与宗教有关的活动中的静止和沉默。但是，临在在工作场所也经常被唤起。想想上次你参加一个工作坊时，突然间人们开始一拍即合，思想流动起来，自我消失了，每个人都被同一个目标激励着。我相信，我们都知道当会议中没有临在会是什么样子的。

在进行敏捷教练的深入谈话中，临在是值得拥有的状态，通过唤起临在，人们关于如何将自己的角色融入更广泛的工作系统的视角发生了改变。被教练的人或团队将放下他们对旧的工作方式的看法，让新的、共同创造的工作方式出现。正是出于这个原因，基于临在的状态进行敏捷教练是嵌入行为改变的主要前提之一，它使个人和团队能够看到更大的真相，即当组织转向敏捷的工作方式时，他们如何能够融入大局。你所教练的人不再把敏捷作为流程，这是由于你促进了深入（开放意愿）的谈话，他们将这种改变进行了内化。

临在的反思

花点儿时间回忆一下你生命中的一个关键事件，在这个事件中你有了突破性的认识或高峰的情感体验。它可能是你向现在的妻子或丈夫求婚，并等待对方回复的时刻；它可能是你得到了真正想要的工作的那一刻。对一些人来说，它也可能是你经过长时间的努力终于达到了个人或职业的顶峰，正在享受成就的时刻。

对我来说，它是当我和我指导的人深入交谈的时候，我们对接下来要讲的内容非常感兴趣，对谈话可能的发展充满了期待。

在你阅读的时候，让我们尝试一下视觉化。

坐直身体，闭上眼睛，用你的下腹部深吸一口气。现在，如果你回想起与我上面描述的例子类似的情景，在你的脑海中想象当时发生了什么，谁在那里，说了什么。当你被击中时，你的感觉如何（洞察或啊哈）？

考虑一下这个时刻；暂停，闭上眼睛，想象一下当时的情景。

如果你要描述房间里的气氛或氛围，你会用什么词？这很难，对吗？有趣的是，没有必要用语言来描述它，因为它是对特殊时刻的感受和体验，在这个时刻，各种可能性都被打开了，你和你所在团队中的某些东西也发生了变化。新的可能性正在发生，而一些旧的东西被抛在后面。这些时刻有可能在你教练的人身上释放出巨大的变化，是突破而不是渐进式的改善。这就是我们作为教练需要练习唤起临在的原因。

与临在一起工作

这些领悟时刻的发生所需要的条件是可以被创造的。事实上，敏捷教练的工作就是让客户拥有这些洞察和领悟的体验。到目前为止，书中所讲述的所有故事都曾利用沉默来让某个时刻出现。正是在这些沉默的时刻，教练通过等待唤起了临在。它提供了空间，允许共同创造在那一刻出现。教练没有将自己的意见、想法或解决方案推给客户，而是为客户"保持空间"。在临在被唤起的谈话中，教练可能会提出一些意见，但这是本着共同创造的精神，而不是告诉客户答案。

你该如何学习这样做呢？让我把这个问题说简单一些。教练要全神贯注，抱着为客户服务的态度，并以开放的思维、心态、意愿来做这件事。唤起临在的秘诀是教练需要完全的临在，全心全意地帮助，然后不带有评判或目的地观察，安静而深入地倾听，然后看看什么会从沉默中出现。当想法和见解开始呈现时，教练就会采取行动，提出问题，支持客户找到采用更好的工作方式的途径。

我在第9章和第10章中给出了更具体的指导，但我想让你明白，临在是真实的，如果想要给客户提供响应式敏捷教练，你就必须认真对待。因此，使用我提供的问题和倾听练习来唤起它。

本章小结

- 临在是当下的一种意识状态，其特征是对永恒、连接，以及更大的真相的感受体验。
- 在敏捷教练中，这个更大的真相通常是指，在采用敏捷作为工作方式时，客户看到了围绕他们所面临问题的更大画面。
- 通过使用本书中的关键实践，特别是正念和倾听，可以唤起临在。
- 基于临在的敏捷教练谈话将极大地提高你嵌入改变的能力。

第5部分
响应式敏捷教练的职业

在我们讨论如何构建响应式敏捷教练职业之前,我想确保你了解敏捷教练的职业发展过程。对那些真的想成为响应式敏捷教练的人来说,这是一段旅程、一次冒险,也是一种变革性的体验。这部分很重要,因为我会通过示例明确地向你介绍变革性开发流程,使你能够精通响应式敏捷教练。能够在当下进行响应式教练,并不像打开电灯开关那样简单,这是一项中长期的发展事业。因此,我想花一点儿时间帮助你理解这意味着什么,之后我将告诉你一个典型的敏捷教练职业生涯的真实故事。

要成为大师级的敏捷教练,你要比其他职业更注重个人的发展。作为一名教练,你的工作不仅要关注人,还要关注这个人的价值观和目的;要做到这一点,你需要觉察自己的偏见和让你做出无益反应的情绪"触发器"。这是一段需要深刻改变、艰苦努力、坚持不懈、充满勇气和渴求学习的旅程——不仅要学习新的敏捷知识和技能,还要了解自己的特质、个性、优势、弱点、价值观等。当然,也有很多东西需要有意忘却。

所有这些都是为客户服务所必需的。响应式敏捷教练要确保他们的态度和观念不会妨碍他们倾听客户的需求,这样他们就可以帮助客户以新的方式工作和生活。

第20章　跨越响应式敏捷教练职业

提供响应式敏捷教练需要什么

为了撰写本书，我采访了数百位教练，询问他们的职业发展，以及他们是如何走到今天的位置的。我将在随后的章节中详细展开，但现在我希望你能够体会到你渴望开启这段旅程的意义。

培养本书中所列出的响应能力，不仅需要知识、经验，还需要对个人成长的执着。定义优秀敏捷教练的部分困难在于，很难解释达到优秀的过程是什么样子的。这是一段丰富的迭代学习经历，不可能用项目列表、图表或咨询模型来体现。

有些（不是很多）敏捷教练是天生的，他们的个性和特质很适合这个角色。这些天生的敏捷教练不需要完全改变自己，就能成为优秀的敏捷教练，但我认为要成为优秀的敏捷教练，他们仍然需要做大量的工作。我想花点儿时间概述一下我在企业中看到的敏捷教练的角色类型；这将有助于你阅读下面的章节，思考你的发展目标。

敏捷教练的角色类型

随着典型职业生涯的发展，敏捷教练如何教练和对谁教练发生了变化。我想快速浏览一下在你提供敏捷教练服务过程中可能遇到的角色类型。

在憧憬你的下一个角色或职业时，你将不得不挑战自己，思考你是谁，放下自己的某些部分，为新的习惯、价值观和信念腾出空间或"让其到来"。

我还没有告诉你，当你遵循响应式敏捷教练实践时会发生些什么。你现在可能已经明白了，成为响应式敏捷教练是一个变革的过程。敏捷教练会重塑你，因为为了与他人进行深入的谈话，你需要个人的成长；这就是为什么我认为敏捷教练的角色是最酷的。优秀的敏捷教练是卓越的，他们帮助和服务他人并使其不断成长。

因此，在你的敏捷教练职业生涯中，需要与组织中不同层次的人进行不同的响应式敏捷教练谈话。让我们来看看敏捷教练在其职业生涯中的一些典型角色。

敏捷教练——职业生涯中的三种角色

我想花点儿时间来解读和简化敏捷教练的角色类型。业界没有固定的、一致的方式来列出所有的角色类型。所以，我打算概括一下，根据被教练的工作系统的规模，我把所有的敏捷教练角色分为三个主要类型：

- 小型规模敏捷教练——涉及2~30人的工作系统。
- 中型规模敏捷教练——涉及31~300人的工作系统。
- 大型规模敏捷教练——涉及301~1300人的工作系统。

对于大于1300人的工作系统，我认为你可能没有机会做太多的教练，你的大部分工作是咨询或管理。我曾作为敏捷实践者（执行者）、敏捷教练（赋能者）和敏捷顾问（问题解决者），在上述所有规模的工作系统中工作过。在每种规模的工作系统中工作都很重要，都有其挑战和回报。敏捷教练的职业发展通常按照从小型到中型，再到大型的顺序，我认为这是正确的做法。在小型工作系统中工作，你可以学到基本知识，以及如何做好这些工作，然后再考虑如何将你的教练实践扩展到更大的工作系统中。

我想多花点儿篇幅来帮助你更多地了解每种规模所涉及的内容。然后，你可以有意识地选择下一个职业目标；这将有助于你更好地理解书中的其余部分。

开始——与你自己一起工作

稍等片刻，在讨论教练角色之前，我们需要确保你明白，你需要教练的第一个人是你自己——一个个人系统。我知道这听起来很傻，但在和很多敏捷教练的长期合作中，令人难以相信的是，我多次不得不把面临"外部"问题的教练拉到一边，告诉他们真正的问题是他们自己。我们所遇到的很多问题的根源有相当大的比例是我们自己（作为教练），而不是我们提供教练的系统。

了解这一点很重要，这样你就可以在作为敏捷教练所面临的所有挑战中不断地评估自己。衡量你是否承担了足够的个人责任的一个方法是追踪你抱怨的频率；那些经常抱怨和认为自己是受害者的教练通常有更多的工作要做。继续努力研究你是谁，以及你如何影响周围的人和工作系统。一旦掌控了自己（尽可能多），你就会把注意力转移到你所教练的工作系统或你渴望得到的下一个角色上。

为了确保你一直走在教练的道路上，我建议创建并维持一个发展计划，将其视为你工作方式的一部分。稍后会有更多关于这方面的内容。现在，让我们看看每种规模的教练角色、每种角色所涉及的内容，并了解你在职业发展中需要考虑的关键方面。

小型规模敏捷教练

永远不要跳过这个角色；不要直接跳到对大型规模工作系统进行教练。如果在你的敏捷教练职业生涯开始时就教练大型规模工作系统，请确保自己先退回来，去教练1~3个小型团队，为期六个月到一年（我就是这样做的）。

为什么我如此强烈地提出这个观点？很多教练都痴迷于规模化的

敏捷。任何对敏捷有所了解的人都知道，敏捷不应该被规模化，它是为中小型产品组织设计的。我的观点是，虽然规模化的敏捷非常现实，而且是现代企业的重要组成部分，但敏捷教练需要深刻体会并拥有与1~3个团队合作的直接经验，把敏捷做好，然后再考虑更大型规模的工作系统。

从成熟团队的敏捷实践中得到的经验，以及帮助团队在每个Sprint中以可持续的方式提供价值增量的经验是不可替代的。我最美好的记忆是，坐在开发人员和客户旁边讨论一项新功能——通过谈话来了解客户需求的细节，然后在下一个Sprint中做好发布准备并转向产品负责人，经产品负责人同意，它就可以上市了。

还有一段令人难忘的记忆，我和一个业务团队一起工作，他们通过客户提出的问题摸索前进的道路——测试、学习和现场试用解决方案，以此来测试他们的假设，同时利用从现场测试中获得的洞察来调整产品设计。我们在三周内推出了一个可行的产品方案，获得了数据和客户洞察，然后才停止了试验。

10年后，我还在讲这些故事；因为这些故事真实而强大，它们解释了敏捷到底是什么。

为什么小型规模敏捷教练很重要？规模化的敏捷教练通常会让你远离"现场"，这往往意味着你失去了与客户的直接联系，或者你的精力被分散，无法花时间与单个团队进行高质量的交流。或者有时你得通过其他人，而不是直接与团队合作。在这种情况下，你的经验不是直接的，这意味着你不能像在团队中工作时那样深刻地吸取经验教训。

多年以后，当你教练更大规模的工作系统时，你有没有这种直接经验，人们是会知道的。如果你从没有做过，你就不会有这些故事。所以，我再次重复一遍，永远不要跳过这个角色。

在小型规模的工作系统中，你的客户包括：

- 产品负责人。
- Scrum Master或团队协调人。
- 团队成员。
- 产品经理、交付经理和项目经理。
- 团队中的角色——如果是软件行业，还有设计师、财务人员或架构师等角色。这些角色多种多样，为你提供了不同类型的客户来进行教练。通常，这些人都在工作系统中，他们的行为对团队能够交付价值是有影响的。

针对此角色的敏捷学习主题包括以下内容，我已经按照优先级顺序进行排列，当然，你也可以根据自己的情况来调整顺序。每个主题都需要被理解（知道），但也需要被实践（做过），而且你应该被更有经验的导师评估为合格（被检查过）。

1. 单个团队的敏捷实践和框架，如Scrum和看板。

2. 待办事项列表的梳理、用户故事、估算、完成定义，以及排定优先级。

3. 以本书为参考，与团队内外的人员进行教练式谈话。

4. 引导团队并与之合作。

5. 精益创业。

6. 以人为本的设计。

7. DevOps、XP、精益软件开发等，如果你想和软件团队一起工作。

有很多书籍、博客和网站，可以支持你学习这些主题。一些认证机构也提供课程，但你可以在合适的导师指导下自己学习，然后选择认证，帮助你向业界表明你足够重视敏捷并参加了培训。所以，不要跳过上面列出的学习内容，这是敏捷教练的敏捷部分。

中型规模敏捷教练

对这种规模的工作系统进行教练需要掌握更多的内容，这样才能够在需要时告知、展示或给他人提出建议。在这种规模的工作系统中工作，需要敏捷教练从更大系统的复杂性中看到模式。如果在进入这类角色之前，你已经花时间教练过小型规模的工作系统，那么在合适的导师指导下，你将能够把你所学的东西应用到中型规模的工作系统中。在担任这类角色时，你往往需要与其他敏捷教练和/或Scrum Master合作，并通过他们来工作。

该类型的角色是敏捷教练职业生涯的一个重要里程碑。它标志着向大师级敏捷教练的转变，其工作应该包括帮助其他刚开始进入敏捷教练职业的人。

在这种规模的工作系统中，你的客户包括：

- 高级产品负责人、发起人或其他领导者和管理者。
- 高级Scrum Master或团队引导师。
- 团队成员。
- 产品经理、交付经理、项目集经理或项目经理。

针对此角色的敏捷学习主题包括以下内容，已按照优先级顺序进行排列，当然，你可以根据你的情况来调整。

1. 小型规模敏捷教练需要学习的所有主题。

2. 规模化的敏捷框架，如SAFe或LeSS。

3. 精益产品管理。

4. 价值流映射（Value Stream Mapping）。

5. 与领导者或更高级的干系人进行教练谈话。

6. 敏捷的组织和团队设计——基本的原则。

7. 预算之外。

8. 同样，我不打算花时间为这些主题提供详细的建议；有很多人写过关于这些敏捷主题的书。你还可以在YouTube上学习相关的理论；然后，在合适导师的指导下学习相关的实践。

大型规模敏捷教练

辅导大型规模工作系统看起来更像咨询而不是提供敏捷教练。通常，这种教练角色需要开展的工作包括：解决问题、设计工作系统的框架、提供教练服务、为高管和领导者提供建议。

此类型的教练依赖对中小型规模敏捷教练角色的深入了解，有8～10年的经验。担任此角色的敏捷教练更多的是按照敏捷原则的意图来工作，往往要做出影响数千名员工的设计决策，对组织及其竞争力和效率有重大影响。

通常在这个层面工作的教练会支持和开发一个敏捷教练和实践者社区，帮助组织构建能力，从而支持文化或组织变革项目。

对这一角色进行详述超出了本书的范围，但它确实是一种职业选择，并且需要学习关于前两种角色类型的所有主题，通常还需要与高管合作，将敏捷的工作方式与组织战略联系起来。以这种角色类型工作时，需要专家级的响应式敏捷教练能力。

哪种角色适合你

从事敏捷教练这份职业，向上发展（服务大型规模的工作系统）并不总是更好的。事实上，许多教练在上述角色类型中找到了自己的位置，并在那里度过了他们的整个职业生涯。有些教练希望在更大的工作系统中工作，而有些教练则在不同的角色类型之间转换（比如我）。精通敏捷教练需要一生的时间，所以请考虑这一点，不要急于教练更大规模的工作系统。我工作了8年才进入教练大型规模工作系统的角色。我也见过一些教练试图更快地进入高级角色，然而当进入之后才发现自己力不从心。

现在，我希望你能停下本书的阅读，先考虑一下你目前的愿望和职业设想，并在你的日记中写下你的想法。

> **本章小结**
> - 敏捷教练主要有三种类型的角色：小型、中型和大型规模敏捷教练。
> - 每种角色都有特定的敏捷知识和技能要求，以及特定的敏捷教练客户类型。
> - 强烈建议敏捷教练不要跳过团队层面的工作（小型规模），因为你可以学习敏捷的基本原则。
> - 教练可以在各种规模的角色之间转换，但不要急于转到更大的工作系统中。

第21章　成为响应式敏捷教练的旅程

在撰写本书的时候,我想了很久,想知道如何才能最好地解释和展现发展响应式敏捷教练能力的学习历程。为了解决这个问题,我决定用讲故事的方式(一个真实的故事)来帮助你了解成为响应式敏捷教练的

旅程。

我有幸看到我多年来指导的初级敏捷教练在教练生涯中不断成长和成熟，我将给你讲述其中一个教练的故事。我希望你能通过故事了解一个初学者成长为响应式敏捷教练通常要经历的历程。

这是一个真实的故事，涉及我在五年内指导过的几个人。我改变了故事中的一些细节，从而确保匿名性。阅读这个故事，并尝试将它与你的故事联系起来，或者至少与你的故事的一部分联系起来。故事中有一个主角——史蒂夫，他融合了多个角色，包括敏捷教练、变革经理等。故事中还有一个角色是吉尔，她是高级敏捷教练，是卓越敏捷教练的代表，我在过去10年中与这些教练合作过，或者接受过他们的指导，他们中有些是教练，有些是咨询师，有些是引导大师。请欣赏这个故事并记住，你读到的所有内容都是真实的。这是一个真实的故事。

新工作的第一天

史蒂夫很紧张，他在考虑新工作的第一天穿什么衣服。当签约一家新公司时，他总是很紧张。这次不同，因为他被聘为Scrum Master。三个星期前，他还不知道这意味着什么，这是个奇怪的工作头衔。但后来他知道，这是他过去两年一直在做的事情——帮助团队实施敏捷。所有事情对史蒂夫来说都是新鲜的，但他确信一件事："我不是大师。"他看着镜子里的自己，自言自语地说。他想：我在团队中的工作经验还不到两年。他有些自我怀疑。他叫住了正在为两个孩子准备早餐的妻子："嘿，萨丽，你觉得我穿这双马丁靴是否太随便了？这可是企业里一个重要的角色。"

"做你自己！"他的妻子从厨房里大声地回应他。

说起来容易做起来难，史蒂夫想：当其他人都穿西装、打领带时，我却穿着马丁靴和T恤衫，我可不想冒风险做一个看起来很傻的人。

当史蒂夫思考自己要穿什么样的袜子时，他回忆起自己的职业生涯，以及他是如何到达现在的位置的。在过去的两年中，他一直在培养自己作为团队级敏捷实践者的能力。有人会说，史蒂夫雄心勃勃、干劲十足、意志坚定。但如果说他有什么不同的话，史蒂夫希望被人认可，让别人觉得他在某件事情上很了不起。他在大学第2年辍学，由于没有获得学位，史蒂夫两手空空地离开了大学，后来成为一名软件开发人员。

自那时起，他从不觉得自己拥有一份职业；他在寻找一个社区，在那里，他可以被看作他所从事的工作的专家，并得到相应的尊重和认可。在过去的两年中，史蒂夫的工作是在团队中实施敏捷，这让他看到了一个伟大的工作场景可能是什么样的。敏捷作为一种工作方式，正是史蒂夫在职业生涯中所寻找的。这使他能够有所作为——通过这份工作，他可以创造一种文化，既可以让工作得以完成，又不以牺牲员工的利益为代价。史蒂夫的信念和价值观在敏捷中得到了体现；他热爱敏捷，并想学习关于它的一切。

"再见！祝我好运！"史蒂夫一边喊着一边向门外走去。

"祝你好运，还有，史蒂夫，做你自己就好。倾听，学习，不要表现出你有时会有的那种态度；你只有一次机会给人留下第一印象。"

萨丽指的是史蒂夫自以为是的态度，这种态度似乎在他感到受委屈和难受的时候就会表现出来。在参与敏捷社区的活动时，他有意识地保持谦逊。他亲眼看见了，作为敏捷实践者，当态度超过了能力时会发生什么。在第一天开始新的工作时，他回忆起最近的一次经历。

在最近的求职过程中，史蒂夫遇到了一个新头衔，在之前他从未考虑过，那就是"敏捷教练"。这个头衔让史蒂夫很感兴趣，因为他喜欢橄榄球，总是惊叹于各大球队的教练指挥团队与对手作战。他不确定敏捷教练是做什么的，但鉴于他对敏捷工作方式的热爱，史蒂夫参加了一次网络会议，以了解更多信息。

在这次会议上，安排了一个圆桌会议的问答环节，由一组敏捷教练"专家"回答观众的问题，当然，史蒂夫也在观众席上。当主持人邀请观众提问题时，一位年轻女士举手提问："我大学毕业之后，完成了为期两天的敏捷实践者课程，并从事敏捷教练工作有一年的时间了。请问你会给我什么提示和建议来帮助我发展自己的职业生涯呢？"

观众席上居然有人笑了起来，嘲讽这位年轻女士。圆桌会议小组中的一位专家以居高临下的语气回答说："我认为你称自己为敏捷教练有

点自以为是；大多数敏捷实践者至少在拥有几年的工作经验后才会做教练。我建议你先在团队级别工作一段时间，然后再考虑教练角色。"

当史蒂夫回忆起那天晚上的事情时，他感到一股寒意由脚底而生。他觉得自己和那位年轻女士非常相似，因为他的经验也很有限，虽然他对成为一名敏捷教练很感兴趣，但他害怕被他所在的社区称为冒牌货。在参加完那次活动后，他不再称自己为敏捷教练了，尤其是在他看到了敏捷专家回答年轻女士问题的那一幕之后。

他把这些消极的想法赶出脑海，前往他的新雇主NeoBank公司，开始上班的第一天。他仍然很紧张，但希望这个角色能够为他的职业生涯的下一个阶段做好准备。

所以，这就是"伟大"的样子

在NeoBank公司的工作与史蒂夫以前的工作非常不同。第一天，他就被介绍给吉尔，从他们见面的第一刻起，史蒂夫就对她的能力感到敬佩。吉尔是一位高级敏捷教练，但史蒂夫认为她是一个魔术师。吉尔似乎有超能力，她可以取得史蒂夫认为不可能取得的成果，而且她似乎能够在级别非常高的经理面前当场解决复杂问题。史蒂夫在加入NeoBank公司的第一天的第1个小时，就体验到了这一点。

吉尔大步走着，几乎是跑过来的："早上好，各位。让我们开始吧！嘿，鲍勃，现在是同步时间！弗雷德，不要等我斥责你你才来。"说完，她在地板上跺着脚，把大家召集起来，宣布每天的同步会议时间到了。

> 现在是同步时间!
>
> 哇!
>
> 观察、倾听、学习

在随后的会议中史蒂夫目睹了他所见过的最惊人的引导技术。25个人聚集在一面巨大的墙壁之前,墙上挂满了卡片、胶带、绳子、贴纸和卡通人物的图片,甚至还挂着一个铃铛。来自世界各地的另外15个人通过视频参与会议,所有人就NeoBank公司数字化项目的进展进行协调并达成一致。1450人分属130个团队,分布在世界各地,而吉尔是这个复杂管弦乐队的指挥。

史蒂夫看着吉尔在第一天就轻松地处理了咄咄逼人、几乎带有攻击性的行为,对一些准备不足的与会者所提供的更新做出了澄清,她有时和大家一起大笑,又能在需要的时候保持安静,直到铃声响起,带领大家庆祝项目主要工作的完成。吉尔不仅通过强有力的流程来引导大家前进,而且她在管理会议上也很有天赋。史蒂夫受到鼓舞,同时也被吉尔的能力所折服。我怎么才能有这种水平的表现?如果这是敏捷教练所需具备的能力,我怎么能称自己是敏捷教练

呢？但他很快就知道，敏捷教练的作用不止于此；吉尔所做的远远超出了他第一天看到的有形的展示。

第一天之后，他确定的一件事是，那天在网络会议上"专家"所说的是对的：要成为一名敏捷教练，需要比人们想象的更多的经验和能力。史蒂夫暂时忘记了成为敏捷教练的事，这似乎有点儿遥不可及。不管怎么说，他有一份Scrum Master的工作，而且他会享受这份工作。在12个月的合同中，他可以观察、倾听，并向其他更有经验的人学习。

召唤冒险

响应式敏捷教练

旅程由此开启

"真的！？"史蒂夫惊呼道。这是NeoBank公司中由Scrum Master组成的一个小团队，他们在召开例行咖啡同步会议。他们正在讨论最新的重组。史蒂夫所谓的12个月的合同看起来不会持续整整12个月，他的现任经理承受着压力,要把整个团队转移到采用"全新交付方式"的专业知识中心,在那里,吉尔将负责管理一个敏捷教练团队。

"我听说我们的经理即将离职,吉尔将领导所有参与敏捷项目的人员。她将成为敏捷能力负责人,我们必须接受培训,成为敏捷教练。"同为Scrum Master的米奇对小组中的其他人说。这是史蒂夫最糟糕的噩梦,他不想成为敏捷教练。他很高兴能在一旁观察、倾听并向吉尔和她的教练团队学习。他正准备抱怨这太不公平了,他有合同,应该让他做最初雇他来做的工作,这时吉尔走过来坐下了。

"嗨,大家好,怎么了?"史蒂夫在吉尔身边总是有点儿紧张;她似乎看穿了他,了解他的想法。她提出恰到好处的问题来动摇他表面的自信,同时激励他成为更好的自己。然后她问了大家一个问题:

"你们在工作中做什么?你们为什么从事敏捷工作?"

史蒂夫的第一反应是开个玩笑。"哈!我是为了生活而工作,而不是为了工作而生活。"他有点儿尴尬地说道。

吉尔即时地做出了响应,直接切中了他的虚假自信。"来吧,我们可以在这里说实话。我知道你们都不只是为了每周的薪水而来的。史蒂夫,我注意到你在晨会上的表现,你热衷于倾听和学习。我知道你在这里开始工作后,已经参加了一些认证课程。显然,这不仅仅是为了生活而工作;下一个版本的史蒂夫是什么样子的,我怎样才能帮助他实现目标?我正在寻找一些人,来加入我的敏捷专业知识中心,欢迎你来申请。"

史蒂夫立刻就知道他刚才做了什么。他试图避免谈论他的"内心"世界;吉尔想看看他能不能去那里,深入谈谈他为什么而谋生。她想知道他从事敏捷工作的原因。史蒂夫被单独提到后脸色微微一红,他反思了这次谈话：

吉尔又一次做到了；她在挑衅我的同时，也让我变得更好。她看到了，或者说凭直觉看到了我的内在情绪，并在那一刻为我加油，让我成长和发展自己。她在教练我、指导我，也让我感到很恼火，但是恼火的原因我无法解释。与此同时，我又觉得她很关心我。

史蒂夫保持沉默。他不知道为什么，总感觉还没有准备好与吉尔一起工作。

史蒂夫离开了咖啡馆。与留在熟悉的地方相比，吉尔的提议似乎很冒险。他决定咨询唯一了解他内心世界的人——他的妻子萨丽，并想听听她对吉尔提议的看法。

拒绝召唤

萨丽重重地叹了口气，每当她的丈夫有这样的表现（生气、沮丧、固执己见、不去倾听）时，她总是会这样叹气。

"天哪，你太固执了，史蒂夫！"他们喝了两杯酒，并花了一小时来讨论关于吉尔的那个提议，然后，萨丽说："这个叫吉尔的人听起来很了不起！你为什么不想去？你为什么不愿意向她学习，成为一名敏捷教练呢？"

"你不明白，萨丽。敏捷教练的头衔不是你自封的，在我们这个行业里，敏捷教练被认为是专家级的角色，而我只做了三年的Scrum Master，而且大部分时间我都是装出来的。你应该看看这个叫吉尔的人所做的事情；我不可能做到她那样。不管怎样，我和NeoBank公司的合同还有四个月；他们不会提前终止，因为这个数字化项目至少要再运行一年。"

史蒂夫继续他的独白，不给他的妻子一个说话的机会："此外，工资也是一样的，那还有什么意义？"

对此，萨丽回应说："好吧，史蒂夫，这个问题只有你能回答；你在自己的职业生涯中追求敏捷的意义究竟是什么？我以为你想成为一名IT顾问。发生什么改变了吗？"

这让史蒂夫停顿了一下。"这听起来很像吉尔；她前几天问了我一个几乎一模一样的问题：我从事敏捷工作的原因是什么？"

"好吧，你明白了，史蒂夫。也许你首先需要弄清楚自己的工作目标，那么所有的职业困惑可能就会自行解决。"

"也许你是对的，"史蒂夫回答说，"无论如何，现在我只是觉得没有足够的信心去和吉尔一起做敏捷教练。"

就这样，史蒂夫决定继续做一名Scrum Master。

五周后，果然，重组来了，史蒂夫留在了他现在的经理那里。吉尔建立了她的专业知识中心，史蒂夫并没有参与其中。他满足于做一个Scrum Master。

在例行的Scrum Master咖啡同步会议上，史蒂夫向他的同行解释了他的决定："我不想在我的头衔中出现'教练'这个词，Scrum Master可以做教练的工作，而不用满足来自敏捷社区的所有期望。是的，我现在在这里很安全，教练不适合我。"

与导师的会面

一年之后，史蒂夫越来越自信；他很确定自己拥有了几乎所有敏捷框架的认证。如果有新的认证出现，史蒂夫一定会去考。似乎唯一能让史蒂夫信心大增的事情，就是获得认证。在这一年里，史蒂夫参加了所有的Meetup活动，试图建立一个强大的网络，从而设法延续他在NeoBank公司的合同，并且继续获得所有新的认证。可以说，他是敏捷社区中一个忙碌的成员。即将发生的一件事让史蒂夫走上了一条完全不同的职业道路，当然，这和吉尔有关。

史蒂夫对他的经理鲍勃有点儿厌烦。尽管鲍勃认为史蒂夫是他的顶级Scrum Master，并经常邀请他在领导会议上发言，但很明显，这更多的是为了提升鲍勃的事业，而不是支持史蒂夫的职业目标。当他的合同即将需要续签时，史蒂夫正在思考他的下一个角色，以及可能会出现在什么时候，他的手机响了，是鲍勃。"嘿，史蒂夫，你绝对猜不到刚才是谁在给我打电话，她想要你来为这个重要的新项目工作。" 史蒂夫知道他要说什么，暗自兴奋，但还是等着听他说。

"是吉尔，敏捷专业知识中心的高级教练；她同意你在为她工作期间，我继续做你的经理。看起来每个人都是赢家；我一直在寻找与她合作的方式，而现在你可以代表我的团队。这真是太好了，你兴奋吗？"

"嗯，我想你不是真的在问我，是吗？那么，这是一个已经达成了的协议？我的工作头衔会是什么？" 史蒂夫紧张地问道。

"我不知道，我想这取决于你。你为什么这么问？你的工资会有所提高，所以这个机会很好。" 在史蒂夫回答之前，他继续说："总之，吉尔今天想和你谈谈，所以等她的电话吧。我得走了。尽快谈，史蒂夫！"

吉尔坐在史蒂夫对面，这是他们第一次一对一的会面；与以前的休闲咖啡聚会相比，这是一个更正式的场合。

她宣布会议开始。"所以，史蒂夫，很高兴终于能和你一起工作了。

从现在起,我将为你的日常工作制定方向,我有一份工作要给你!"然后,吉尔犹豫了一下,向后靠了靠,停顿了一会儿,沉默不语。

史蒂夫有些不解,她在干什么?我从未见过吉尔不知道该说什么或做什么,为什么沉默?为了避免尴尬的时刻,史蒂夫说:"是的,我非常想参与到新的工作中!鲍勃告诉了我一些细节,但你需要我做什么呢?"

吉尔的回答让史蒂夫感到惊讶,并觉得受到了挑战:"我告诉你什么,史蒂夫;让我们从另一个角度看你的问题。你想让我做什么?我可以支持你的事业,而不是把我的计划强加在你的事业上。我感觉你有一些事情没有告诉我……你看起来很忧虑。"

史蒂夫思考着这个问题。又来了:吉尔又在施展她的能力,在合适的时间问合适的问题,既打乱了我的思绪,又促使我挑战自己。

在沉默中,史蒂夫思考着吉尔的挑战性问题。他以前听说过仆人式领导力、授权,以及其他顾问的一些说法,而就在那一刻,这一切对史蒂夫来说变得真实起来。他有一个选择。他被服务和帮助以成为他想成为的人;这种感觉很好,但也迫使他对吉尔的问题做出自己的响应。

突然间,史蒂夫知道了吉尔的目的是什么。他沉默地坐着,谈话在他的脑子里继续:她想让我自己说出来,这样才是属于我的。吉尔想让我说出我想要的东西,而不是她给我的东西。

他突然意识到自己正面临以前没有面对过的恐惧。她在邀请我成为敏捷教练。在那一刻,他犹豫了;他不知道自己为什么这么害怕。他的直觉告诉他,他应该说"是"。

吉尔注意到他的犹豫不决。"史蒂夫,我会指导你,而且过程会很有趣,你会注意到;但你必须自己想要,史蒂夫。你愿意吗?"然后,吉尔又沉默了。她坐在史蒂夫对面，保持目光接触，关注当下，全神贯注，等待着史蒂夫的回应，没有判断或期待。

史蒂夫在心里笑了。"是的，让我们开始吧，吉尔。我想成为一名敏捷教练。"

踏入未知的世界

史蒂夫很快就明白了，作为敏捷教练，他所要玩的是什么样的游戏。这是一个更大的联盟，有更多的风险。简言之，史蒂夫被期望成为一个能够带来工具、技术和实践，以帮助解决复杂问题，然后带领他人完成变革过程的领导者。幸运的是，史蒂夫从他所学的许多课程和多年的经验中学到了很多东西，他渴望在现实世界中应用他新发现的知识。吉尔正准备向他提供所有他需要的机会。史蒂夫不知道的是，他即将从事的工作将是他职业生涯中迄今为止压力最大，但回报最高的工作。

史蒂夫在工作中观察着吉尔。与吉尔一起工作的时间越长，史蒂夫发现要学习的东西就越多；更具体地说，他开始注意吉尔是如何与他人合作的，而不仅仅观察她做了什么。"我看着她工作，但我仍然无法理解她是如何做到的，"史蒂夫在喝咖啡时对一位教练同事说，"她走进房间，不知怎么就产生了……我不知道你会怎么称呼它……是一种氛围或能量，也许是好奇心。但一般人们只是对尝试新事物感兴趣。我也尝试做了跟吉尔同样的事情，使用同样的引导议程，但是第二天我收到反馈说我不'了解环境'。同样的反馈我收到好多次，这让我很厌倦。"

至于吉尔，她在与一个同事的谈话中，反思了她与史蒂夫迄今为止的工作。"史蒂夫从不要求反馈，我发现自己不得不使用一种非正式的方式向史蒂夫提供提示和建议，通常是在周末喝啤酒的时候。"

她的同事回应说："你认为他能成为一个优秀的敏捷教练吗？"

对此，吉尔回答说："这完全取决于他；如果他想进步，就必须在某个时候面对自己的行为。他在90%的时间里都很出色，但在压力下，你可以看到他失去了耐心，参会的每个人也都知道这一点。问题是，他不知道大家已经注意到他在引导时的自控问题。因此，我正在寻找方法来帮助他提高自我意识和影响客户的意识。他拥有所有的技术技能、认证和资格证书；他比我拥有的还要多！"

六个月后，吉尔仍在持续地给史蒂夫提供指导和建议，但史蒂夫认为自己已经准备好迈出下一步，更加独立地工作；此外，他还收到了一份邀请，要他离开吉尔，到公司的另一个部门工作，并且有自己的主动权。他想开始与领导者一起工作，并热衷于推广他在刚刚完成的规模化敏捷课程中获得的新知识。作为高级教练，领导一个项目的机会出现了，史蒂夫抓住了这个机会。他与吉尔见面讨论。

"嗨，吉尔。你对我正在考虑的这个新角色有什么看法？"

吉尔很有耐心，她感知到史蒂夫需要自己去探索各种选择；他不再像以前那样考虑她的建议。这并不是说他变得傲慢；而是史蒂夫没有看到，迄今为止，他所取得的成功背后，吉尔所做的幕后工作。他根本不知道自己不知道什么，尽管吉尔对他说了很多话，但他已经不再倾听了，他急不可待地想成为一名高级敏捷教练。吉尔在答复史蒂夫之前，考虑了一下该如何回答。

"史蒂夫，让我用两个问题来回答你，请你考虑：你认为一个优秀的敏捷教练需要哪些关键能力来取得成功？你认为要具备这些关键能力，你需要做哪些工作？"

史蒂夫很快反驳道，语气略带防御性："我不认为这就是问题所在；

我没有从领导者那里得到足够的支持来做我知道我能做的事情。"

吉尔对这个答案有些不以为然，她的回答很直白："史蒂夫，如果我们假设，在你担任现在的角色时所存在的一切问题都100%归咎于你，会怎么样？"

现在，史蒂夫真的很沮丧。"好吧，我们知道情况不是这样的；你的问题有什么意义？"

吉尔不是特别明白；但她清楚的是，史蒂夫似乎决心不考虑他所面临的问题。吉尔认为这是一个机会，让史蒂夫学习这重要的（艰难的）一课，而在过去一年一起工作的时间里，吉尔已经从史蒂夫身上看到学习这一课的机会，但似乎今天不是史蒂夫学习这一课的时候。会议结束了。

接下来的一年，对史蒂夫来说是困难的一年。

"你不明白！"在一个对史蒂夫来说特别艰难的晚上，他在和妻子共进晚餐时，感叹道，"感觉此刻我周围的每个人都在欺负我，对我指手画脚，告诉我应该怎么做。我是一个受害者。"

萨丽已经耐心地听史蒂夫抱怨了几个星期，因此越来越担心他的健康。萨丽认为史蒂夫的压力太大了，这样的日子不能再持续了，而且他喝酒也喝得太多了。

"也许你需要改变一下，史蒂夫。自从离开吉尔之后，一切事情都不顺利。她对所发生的事情有什么看法呢？"

"她只是说这都是我的错，我应该为我现在的情况负责。我想，如果我担任这个角色，我就有机会自己做一些事情，学会用自己的双脚站起来，从吉尔的光环中走出来。"

"嗯，她确实光芒四射，很多人都被掩盖在她的光芒之下。"萨丽回应说，"但有些事情需要改变。史蒂夫，考虑一下你能做什么。"

在那一周的晚些时候，发生的事情对史蒂夫来说非常糟糕。

史蒂夫在编辑电子邮件时知道这会带来麻烦，但他的手指一直在打字。他心里有一种情绪在鼓励他发泄心中的沮丧。他要告诉这个人，他们没有遵守敏捷价值观。他又花了几分钟的时间来起草这封邮件，并犹豫了一分钟，考虑……"不，应该告诉他；告诉他就是我的工作。"他边说边按下"发送"按钮。

三个月后，当考虑续签合同时，史蒂夫的经理鲍勃读了他收到的关于史蒂夫的反馈。其中包括史蒂夫教练过的NeoBank公司的一位内部客户，这位客户在反馈中写道："教条主义，不灵活，太主观，无法运用与高层干系人合作所需的社交技巧。"在预算压力下，鲍勃别无选择；史蒂夫作为敏捷教练的角色在NeoBank公司中已经走到了尽头。

接近转折点

萨丽和史蒂夫正在讨论最近在NeoBank公司中发生的事情，并努力思考史蒂夫的就业选择。

"我打算回到我以前的角色上，他们很高兴让我回到团队中继续承担Scrum Master的工作。我只需要恢复健康的心态，反思一下在NeoBank公司发生的所有事情。"

萨丽为史蒂夫感到难过。他把自己的精力和努力都投到了成为一名敏捷教练上。"没关系，亲爱的。你从吉尔那里学到了很多东西，不是吗？"

史蒂夫反思道："其实，我原本应该学到更多东西；我已经得出结论，我不是一个好的倾听者。"

这引发了萨丽的一个想法："史蒂夫，我听说我的人力资源朋友最近参加的一门课程叫'教练在生活和工作中的应用'。她说很不错；她学到了很多关于倾听的知识。也许你应该去看看？"

史蒂夫没有回应。

"史蒂夫！你到底有没有在听我说话？"

"对不起，我在摆弄我的手机。你说什么？"史蒂夫说，这让他的妻子非常沮丧。

面对恐惧

"史蒂夫，现在轮到你向大家分享了；你从这个练习中学到了什么？"史蒂夫回顾了到目前为止的课程内容。他报名参加了"在敏捷中处理冲突"的研讨会，他得到的东西比他想象的要多。当他们对工作场所中的典型冲突进行角色扮演时，一些事情让他豁然开朗。在角色扮演中，他被一名苛刻的经理指手画脚。

"好吧，我被触动了，我做出了反应，很生气，停止了倾听。我太情绪化了，无法处理这种情况，也无法使用你教给我们的技巧。"史蒂夫回答说，他几乎要哭了。史蒂夫感到很惊讶，他变得如此情绪化，以至于很快就被角色扮演的场景搞得不知所措。我到底是怎么了，这只是一个愚蠢的研讨会，他对自己说。在刚认识一天的陌生人面前表现得如此脆弱，他感到羞愧。

史蒂夫参加的所有培训和工作都集中在学习新知识、技术和敏捷实践上。当然，他学会了演讲技巧和引导技术，但这次完全不同；他失去了控制，对背后的原因也感到茫然。

他鼓起勇气问课程引导师："发生了什么？你认为在我身上发生了什么？我对简单的角色扮演会有如此强烈的反应，你怎么看？"

"你很幸运，史蒂夫。发生这样的事情，对于课程来说是最好的结果。能够在这种安全的学习环境中观察自己被触动的情况，使你能够更好地了解自己是谁，以及在某些特定的情况下你是如何被影响的。我知道你是一名教练；好吧，教练就是要管理好自己，这样你才能够为你所教练的人服务。我猜测这个角色扮演指向了一些东西，如果你能理解它，将有助于大大改善你的教练工作。我想说的是，无论什么让你情绪激动，都是因为你感到价值观的某个重要方面没有被尊重，你才会条件反射并失去了理性。你觉得你在角色扮演中的反应的根本原因是什么？"

这让史蒂夫感到震惊；他被要求大声说出是什么让他如此情绪化，以至于让他"失控"。他深吸了一口气，考虑了一下自己的答案……

"我不喜欢被人指手画脚；我觉得不被尊重。"

课程引导师给予了史蒂夫充分的关注，他保持沉默，为史蒂夫留下空间，如果史蒂夫想继续的话，还可以继续。

再次沉默了10秒，对史蒂夫来说就像过了一小时。引导师等待着。

"好吧，我已经学了所有的课程，我知道敏捷理论和实践。这个人是谁，他凭什么告诉我该怎么做？我可能没有学位，但我拥有敏捷知识。"

又再次沉默了10秒，对史蒂夫来说就像又过了一小时。

"继续吧。"引导师说。

"我想，我有权利被看作专家，但我仍然觉得我在证明自己是个教练；我仍然觉得我是个假的教练。当我被告知要做什么的时候，这让我觉得自己毫无价值，并让我注意到自己没有任何学位或大学毕业证书。我认为敏捷是我的强项，为什么这个人对我指手画脚，好像他什么都知道似的？"

"太棒了，史蒂夫。那么，基于你对自己有了更多的了解，你学到了什么？"

"我不需要把所有事情都看得那么个人化；不是每个人都在挑战我，我需要停止把我的不自信投射到我所教练的人身上——这只是开始！我很确定我是一个糟糕的倾听者，因为我认为我知道一切，不认为我能从周围的人那里可以学到什么。这样的例子不胜枚举；这对我来说是一个真正的突破。我真正看到了我不知道的问题。我发现，如果想成为一名优秀的敏捷教练，我还有很多工作要做，我也明白了为什么我以前的一些导师能够做到的事情，直到现在我还认为是魔法。但是，现在我知道了，他们只是对自己做了很多工作，并且知道如何管理自己，不被外在所触动。现在这一切都变得更有意义了。"

"哇，史蒂夫，你真的从角色扮演中获得了深刻的洞察。我的经验是，这可能已经积累了很长时间，而今天它刚好爆发出来。你一直很想做这项工作，而今天你做到了；你完全呈现了真实的自己。你允许自己有些脆弱，今天做得很棒。大家给史蒂夫鼓掌。"

史蒂夫以前认为这种类型的课程给人的感觉是缥缈的，是无法落地的。在他成长的文化中，在工作场所中不应该谈论感受，因此史蒂夫不善于在教练工作中处理或利用情绪。但他开始意识到，情绪与教练有很大的关系。

他感到自己突然获得了成为一名优秀的敏捷教练的秘诀；这一点在任何敏捷框架或认证中都没有被列出来。就在那时，史蒂夫写下了他对新的发现、以前没有意识到的能力的想法，他现在知道（真的知道）这些能力对他的职业发展至关重要。尽快史蒂夫很努力，但他目前只是知道这些，还不能用自己的语言表达出来。

史蒂夫知道他从冲突工作坊和角色扮演中学到的东西的重要性，但他需要用自己的话来澄清所学的具体内容。

回报

萨丽耐心地等待着，史蒂夫想要宣布他获得了一个重大的洞察，他一定要告诉萨丽，他努力地用语言来表达。

"与情绪、倾听、尊重他人的意见、真实地了解我的发展情况有关。哦，我太在意自己没有学位这件事了，我真的需要丢掉这个观点。"史蒂夫说得很快，他对自己的新看法感到非常兴奋。

"那就对了，那么你打算怎么做，史蒂夫？当然，我可以告诉你这一切，而你不需要去培训班学习，但是，我只是你的妻子；我怎么会知道呢？"她讽刺地打趣道。

"哈哈，"史蒂夫回答道，"好吧，我打算研究一下情绪，以及如何与它们合作。我认为，这是最重要的事情。另外，我需要更……怎么说呢？意识？不……你知道我在说什么，萨丽……让我可以更明显地看到我一直没有看到的东西？"

"觉察？"萨丽说，"觉察到你是如何妨碍自己成为一个好的倾听者的，以及当你脸上的表情告诉别人你有一种态度的时候？"她挑了挑眉毛。

"就像你在告诉我，我应该更多地注意我自己？" 史蒂夫回应道。

"是的，我们就叫它自我觉察吧。" 萨丽结束了谈话，他们准备洗漱，然后睡觉。

史蒂夫来到他的笔记本电脑前，开始浏览网页。经过30分钟的搜索和阅读，他在谷歌上搜索"如何提高自我觉察"，结果如下：

1. 客观地审视自己。

2. 写日记。

3. 写下你的目标、计划和优先事项。

4. 每天进行自我反省。

5. 练习冥想和其他正念习惯。

6. 进行性格和心理测试。

7. 请值得信赖的朋友描述你。

"好吧，我不可能做到所有这些，那么我就从第4项和第7项开始。" 史蒂夫对自己承诺。他很满意自己找到了成为优秀的敏捷教练所需的同时也是自己所缺失的要素，于是他合上了笔记本电脑，但他不禁想，这是否只是一座更大冰山的一角。他暂时把它从脑海中推开，又回到床上，躺在了妻子身边。

回归之路

回到工作岗位后，史蒂夫开始看到所有他之前没有意识到的情况。

他觉得自己知道了一个可以变得了不起的秘密，于是开始投入一个以自我觉察为重点的发展计划中。在参与了许多课程、工作坊和研讨会之后，史蒂夫取得了进展，并在他的教练工作中得到了积极的反馈。他甚至为自己聘请了一位专业的导师/教练来支持他，这使得史蒂夫在面临压力时更加专注和冷静。他的妻子甚至说他已经没有了过去的那种态度。

12个月后，史蒂夫在一次会议上介绍了自我觉察是如何大大提高了他在与高级领导团队合作时倾听和回应他人的能力的。

他当时正在介绍他的自我觉察如何变成了一种超级力量。他强调了他新发现的能力，即见证自己心烦意乱并感知自己的行为对他人的影响，这使他能够更有效地与领导者相处。在演讲的中途，史蒂夫注意到他以前的导师吉尔坐在观众席上。不知什么原因，这让他很焦虑。他回想起他在NeoBank公司的工作，回想起他在会议中表现不佳的地方。

吉尔在一旁看着，心想：这真的很有趣，我希望史蒂夫已经学会了在这种情况下倾听和保持冷静；我想知道自从我上次见到他以来，他身上是否发生了一些改变。

史蒂夫愣住了，紧张地进行着他的演讲；在吉尔的注视下，他无法集中注意力。就在这时，他使用了他所学到的关于自我觉察的知识。他检查了自己的姿势，用腹部深吸了一口气，停了一会儿，集中精力，放松下来；然后重新集中注意力。

史蒂夫恢复并完成了演讲，尽管演讲效果与他在本周早些时候练习演讲时相比有点差别。

演讲结束后，吉尔走了过来。"嗨，史蒂夫。你真的在自己身上做了很多功课。我可以看到你的转变，这太不可思议了！"

"真的吗？我以为我搞砸了。"史蒂夫回答道。

"一点也不。你可以面对你的恐惧，把自己完全呈现出来，表现出脆弱。显然，无论作为普通人还是敏捷教练，你都在成长。"

史蒂夫略微有些惭愧，脸红了。

他还没来得及说些什么，吉尔又开始说话了。"我的老板提供了一个职位，你是否有兴趣来面试这个职位？我想你可能已经准备好了，史蒂夫。"

"准备好做什么？听起来像个挑战。"史蒂夫说道。

"嗯，你之前的敏捷教练角色其实只是在一些团队中实施敏捷流程。这个角色需要实施领导力教练。这意味着你必须能够与高管合作并影响他们的工作方式，让他们支持敏捷转型。"

"你认为我已经准备好了？"史蒂夫并不完全自信，不像吉尔那样肯定地认为他已经准备好了。

最后的测试

史蒂夫从来没有在同一时间如此紧张，又如此平静。他的自我觉察已经不再是他所做的额外的事情，而是他如何成为一个更好的人，以及一个伟大的敏捷教练的一部分。这是他的一部分，而不是他为了获得更好的教练角色而做的事情。

在面试之前，他反复阅读了吉尔给他的工作职责，他知道这是他整个职业生涯中一直想得到的角色——高级敏捷教练，与高管合作，实现企业转型。

吉尔提示他，面试将采用角色扮演的方式，涉及有压力的情景，他必须教练一位正在领导敏捷团队的高管。吉尔的老板会参与面试，他对职位申请者很严格，所以如果史蒂夫要成功，就需要拿出他一流的水准。

史蒂夫自信地走进面试室，姿势挺拔，控制着自己的呼吸。

吉尔的经理看了看史蒂夫，宣布面试开始。"史蒂夫，让我们直接进入角色扮演。我是你的主管，关于我为什么需要一个教练这个话题，你来教练我。而且，史蒂夫，我只是提示你，我们NeoBank公司有一些有趣的高级执行官，所以我打算玩得粗暴一点，让我们看看你的能力。这可以吗？"

"当然，没问题。我们开始吧。"史蒂夫回应道。现在他真的很紧张。

吉尔的经理开始了角色扮演，他扮演了一个相当简单直接和抗拒变化的高管的角色。"嗨，史蒂夫。我的名字是弗雷德，我只有一个问题要问你。你要教我什么我还不知道的事？恕我直言，我有MBA和会计学位；我看到你甚至没有上过大学。我很忙，所以你在想什么呢？"

这完全让史蒂夫大吃一惊。他立刻被激怒了。就这一句话，他又变回了第一天在NeoBank公司工作时的样子；他的自信消失了，他感到愤怒充斥了他的胸腔，这会让面试走向失败。

史蒂夫瞥了一眼吉尔，他们的目光相遇了。她的眼神告诉史蒂夫："你能做到的；我知道你能。"

在这样的状态下，史蒂夫只有一次机会来挑选一种技术，把他从他正去往的地方拉回来。他花了一点时间，选择了他知道会拯救自己的技术。史蒂夫选择停下来，就在那一刻，什么都不做，感觉一切都静止了。什么都不做，在面试经理提出的挑战性问题和差点发生的愤怒反应之间，史蒂夫打开了一个微小的空间。

正是在这个空间里，史蒂夫做了他所学到的一些自我觉察的练习。他把注意力放在身体重心上，然后把双手平放在桌子上，对自己说：在这个时刻我怎样才能最好地服务这个人？这是他一直在研究的同理技术。然后答案就出来了。史蒂夫望着眼前这个人并不断思考着：他正在彰显地位，表现得很强硬。史蒂夫立刻意识到，更加自信并不是答案。放低姿态，直接开始帮助，才是最好的答案。

"嗨，弗雷德；很高兴你能够让事情如此简单明了，因为我知道你很忙。我是来帮你做事的。你现在的首要任务是什么？"

就这样，史蒂夫从条件反射的边缘转回来了。他受到了极限的考验；他必须调用他在过去几年的发展中所实践的一切。在面试过程中，史蒂夫保持着冷静、专业的语气，运用他作为敏捷教练所学到的所有知识和技能——敏捷的实践和模式，但同时增加了自我觉察的力量。

吉尔在整个面试过程中看着史蒂夫，她忍不住笑了。这几乎就像在看另一个人。史蒂夫有一种安静的自信，这是他自身的一部分，而不是他在面试中为了说服别人而学会的一些套路；史蒂夫表现得很真实。

以"专家"身份回归

史蒂夫得到了这份工作,面试后的一年里,他持续成长。他回顾了过去三年——吉尔在他的成功中所扮演的角色,他如何面对自己内心的"恶魔"和不安全感,以及为学习和练习新技能所投入的时间与精力。

史蒂夫开始变得不那么固执己见,更有好奇心;他开始对领导者少提建议,多提问题。简言之,史蒂夫正在深化他的教练方式。他教练人们为什么要工作,并帮助他们(尤其是领导者)将个人价值与NeoBank公司的目标结合起来。当然,在需要提供敏捷专业知识、技巧和建议的时候,他仍然会做相关的教练工作,但现在他有了一套更灵活的能力,可以用来实现敏捷。

某一天,史蒂夫参加了一个针对敏捷教练的活动,他作为所谓的"专家"参加了小组讨论,当时观众向他提出了一个问题。

"我现在作为一个团队的Scrum Master已经工作了两年。要成为一名敏捷教练需要做什么?"

这个问题对史蒂夫来说有些讽刺,他笑了笑,但他非常理解问这个问题的人;他惊讶地发现,他立刻就被激发了,想帮助这个人找到成为优秀的敏捷教练的道路。他回答说:"好吧,让我告诉你我的故事……"

第22章 我们从史蒂夫的旅程中学到了什么

> 一艘船停靠在岸边总是安全的,但这不是它被建造出来的目的。
>
> ——阿尔伯特·爱因斯坦

你要跨入未知世界

成为一名敏捷教练需要发展硬技能,如敏捷实践的知识;与此同时,也要发展一些与你的个人特质、态度和行为风格(习惯)更密切相关的隐性软技能。正是这些软技能帮助你在面对别人的反馈时(就像史蒂夫那样)不做任何条件反射式或防御式反应。具有讽刺意味的是,你必须亲身经历,这样的反馈才会有效,才会破坏你的现状(激发你)。

冰山的比喻常常被用来对比我们所看到的、他人可见的东西,以及我们看不到的、无意识的和未知的东西。爱因斯坦认为我们是天生的冒险家;作为敏捷教练发展的一部分,要准备好进入未知的领域,到冰山的"水线"以下的地方。所以,你的价值观和"你是谁"对你来说是不可见的。本书向你强调，为了成为响应式敏捷教练，请在你"水线"以下的部分，以及那些和你的态度、认同感相关的部分做一些功课。成为敏捷专家只是成为响应式敏捷教练的一半，另一半是通过定期走出舒适区来改变自己。本书的贡献者之一菲奥娜·提伯斯（Fiona Tibballs）非常重视这一点，她每周都会发表一篇关于如何走出舒适区的博文。她采访那些不断探索未知领域的人；通过分享这些故事，她鼓励其他人也这样做并进行学习。

你将面临多重敌人

有许多声音，包括真实的声音和我们自己头脑中的声音，使我们无法发挥自己的潜力。在我们的旅程中，有三种常见的声音阻碍我们，即评判的声音、怀疑的声音和恐惧的声音。

当分享可能错误的意见时，有可能引起评判的声音。当敞开心扉谈论你的情绪状态时，有可能导致怀疑的声音。当走到定义自己和自己意图的边缘时，有可能唤起恐惧的声音。史蒂夫在他的旅程中面临所有这些问题，但他取得了胜利，他作为个人和专业人士在不断成长，并在这个过程中了解到他是谁，他将成为谁。

史蒂夫经常因为环境或机会而面对他的反对者或质疑者；这很正常，这就是生活。所以，如果你决定踏上未知的旅程，追求敏捷教练的职业生涯，就要面对这些声音。

作为教练，我们的工作是帮助他人改变心态，带他们踏上改变的旅程。要做到这一点，我们需要了解这个领域，以便我们能够引导他人穿越同样的领域。

持续学习和实践

敏捷教练有很多知识和技能需要学习——很多！新手教练可能会不知所措，但需要学习的知识和技能是有顺序的，而且有很多学习途径可以获得这些知识和技能。我想在这里说的关键点是，史蒂夫持续地应用他所学的知识。我鼓励所有的教练遵循"学习，实践"的循环。始终寻求将知识应用到与他人一起做（实践）的行动中，并获得关于表现的反馈，最好是在应用知识后直接进行。

是什么阻碍了史蒂夫成为一名响应式敏捷教练？当然，他必须学习一些知识和技能，练习他的敏捷仪式，但真正的障碍不是知识或技能，而是他的习惯和反应。

虽然获取新的知识和技能总是一个好主意，但当你意识到学习更多"外在"的东西并不能帮助你进步时，你的职业生涯就会出现转折点。所需的工作是"内在"的。史蒂夫在开始得到关于他的引导工作的反馈时遇到了这个问题；他需要改变自己的态度，以提高自己的表现。

与他人合作（包括你的导师）

史蒂夫发现，他不能独自前行；他需要同伴和向导，来引导他在未知的领域中前进，来面对他的反对者和质疑者，并取得胜利。与他人分享自己的经历，冒险也会变得更好。史蒂夫的妻子、吉尔，以及他的Scrum Master社区和所有他参加的活动，都可以帮助他获得最有价值的经验教训，这一点至关重要。

软技能和自我管理

史蒂夫改变了他与领导者打交道时的无效方法；他提高了对形势的认识水平，并通过有目的的反复练习，提高了"了解环境"的能力，并对周围人发出的信号做出了响应。

史蒂夫最大的发展成果是他有能力调节自己的状态；当他的"提示"被那些"让他不爽"的人触发时，他能够保持冷静。他通过这种方式，没有使他的事业脱轨。他通过利用对自己当下内在状态的高度认识，不加评判地接受事情的发生，然后做出响应，使自己的状态从过度的情绪反应中缓和下来。

> **本章小结**
>
> - 发展你的能力以提供响应式敏捷教练是一个旅程，通常以年为单位进行衡量，而不是以月为单位。
> - 为了提高响应能力，你可能需要改变你对自己的认知。
> - 在你的职业发展过程中，你将面临挑战，这也是意料之中的。你将通过逆境和对未知事物的冒险不断成长，并学会对那些以前会引发你的无益反应的"提示"做出更多的响应。

第6部分

响应式敏捷教练的能力

> 我们一起定义了什么是响应式敏捷教练,向你展示了它的轮廓,并给你提供了实践,帮助你把理论和概念变成现实。现在,终于到了总结你需要做什么来构建你的能力的时候了。从这部分开始,我将介绍整个响应式敏捷教练模型,展示包含在四个行动中的八个步骤,以及模型的唯一终点,所有这些都来自由西蒙·尼伯恩(Simon Kneebone)提供的精美插图,他创作了本书中的所有插图。在这幅插图中,你会看到完整的画面,包含开放的思维、开放的心态、开放的意愿三个维度。

路径 ————— 行动和步骤

① 感知响应时刻
（什么是客户的需要）

② 响应时刻（教练时刻）
选择一条路径

③ 告知或展示
客户如何实施敏捷

告知他们如何做
共同发起，询问
给他们展示如何做

嵌入
让他们去做吧

④ 开放和保持开放深度谈话的空间

开放思维 —— 重看事实
开放心态 —— 感受感觉
开放意愿 —— 发现意图

⑤ 等待然后共同创造

共同创造（快速原型）

哈，就是它了

当下

等待

我现在要帮助你承担的任务是，计划如何发展你还没有达到你想要的熟练程度的领域，同时也要在需要的地方有意忘却。

第23章 制订学习和有意忘却的计划

方法概述

在写这一章的时候,我正在下班回家的火车上,刚刚为Scrum Master举办了一个为期3天的工作坊。我的职责是为全公司70多名资深的规模化敏捷实践者实施一个能力提升和指导项目。今天我和19个参与者在一起;其中一些人在教练和支持大型工作系统(1000~3000人)的运作,一半人在中型工作系统(100~300人)工作,还有3人是新人。我现在要和大家分享的是,我帮助这些敏捷实践者实现学习成果所采用的方法。这是我几年来一直在使用和完善的方法;最近我有机会把它正式化,因为我被要求在12个月的时间里在内部培养50名敏捷团队的教练。因此,该方法已经在这个领域得到了很好的检验。

我使用的方法包括三项内容。

1. 社区:与导师和同行一起工作,获得支持和反馈。

2. 学习:获得你的角色所需的知识和技能。

3. 有意忘却：放下或改变旧的习惯。

读者通常看到这样的清单，认为他们可以选择最适合自己情况的一项，然后在这方面下功夫，但要提供响应式敏捷教练服务，我建议你在所有方面都要下功夫。通常情况下，人们会被吸引去做更多让他们觉得舒服的事情。我指导过的很多教练喜欢学习——阅读、参加课程、观看视频等（第2项），但没有在自己身上下功夫，拒绝有意忘却无益的习惯（第3项）。

同样，我看到很多教练都有很广的人脉，他们参加每个聚会，并在会上发言，在社区论坛上发帖（第1项），却没有在工作中真正尝试新事物（第2项）。

还有一些敏捷教练，他们做了大量工作以实现个人发展（第3项），却没有学习提供敏捷教练所需的敏捷知识和技能（第2项）。

最可悲的是那些独行侠，认为自己可以独自学习、阅读、参加活动，甚至做深层次的个人工作（如正念），不与导师建立联系。成为一名优秀的敏捷教练，这是一条艰难而漫长的道路；我知道这条道路，因为我已经走过了。多年来，我抵制参与社区活动，拒绝与导师合作；太骄傲、太自大、太固执了。在过去的几年里，我完全改变了自己的做法，我的学习、敏捷教练实践和职业生涯都受益匪浅。请采纳我的建议：读完这一章后，让寻找一个导师成为你的第一个行动。

我建议你把上述清单中的三项都做一遍；不要只挑选你认为合适的那一项。现在我将逐一介绍，为你提供更多细节和指导，帮助你制订计划。

社区

有时建立社区被称为"寻找你的部落",两者意思是一样的:成为支持你学习的社区的一部分。我已经建立了一个响应式敏捷教练的社区,并围绕本书的观点建立了一个部落;欢迎你加入。

作为社区的一部分,你也需要通过帮助和支持他人成长来学习。除了成为一个积极的社区成员,我想强调的是你的学习方法当中的一个关键因素——你的导师。

我可以肯定的是,没有导师的帮助,你几乎不可能成为响应式敏捷教练。是的,我就是这么肯定。为什么?因为你需要反馈,而且大量的反馈才能使你成为优秀的敏捷教练。导师会在你自以为是的时候把你带入现实,帮助你避免糟糕的邓宁—克鲁格效应,这种效应在敏捷教练中非常普遍。下面是邓宁—克鲁格效应的简短定义:

"一种心理推理偏差,人们对自己能力的评价高于实际能力。这种效应来自人们无法认识到自己能力的不足。如果没有自我觉察,人们就不能客观地评估自己的能力。"

你需要一个导师来确保你不会自欺欺人,认为自己能提供比实际情况更佳的敏捷教练服务。与实践者群体的互动也有助于让你了解最新的想法,同时确保你了解自己不知道的东西。

就像其他知识工作者一样,敏捷教练的自我觉察对教练的有效性至关重要,所以导师是一种安全的方式,可以让你在构建敏捷教练能力的过程中,获得真诚和建设性的反馈,让你成长和学习。

学习

当你构建自己的敏捷教练职业生涯时,有很多敏捷理论、实践和技术需要学习。经常有教练来找我,询问我下一步应该参加什么课程,以提高他们晋升到更高职位的机会。这就引出了一个我们需要讨论的重要话题——是为获得工作而获得证书,还是为成为优秀的敏捷教练而学习技能。

通常这两者是相互矛盾的。获得大量的证书,写在简历上,向招聘人员表明你在职业上的投入是很重要的,但更重要的是获得正确的技能组合,从而可以实际提供敏捷教练服务。我让我的学员学习新技能的方法分为三个阶段:学习理论;把理论应用于实践;然后,经过一段时间的实践,再把所学习的内容教给我。这是一个简单的方法,但我已经在数百名敏捷实践者身上使用了很多次。让我用十个简单易行的步骤来简化它。

管理学习的十个步骤：

1. 选择你要提供敏捷教练的工作系统（小型、中型或大型）。

2. 在你希望工作的规模系统中找一个有敏捷教练经验的人，请他做你的导师。不要跳过这一步。

3. 创建一个学习待办事项列表，列出你需要学习和实践的内容，作为你下一个角色的一部分；你的导师会知道并建议哪些是需要优先考虑的。

4. 绘制一个包含四列的表格（看板），四列的标题可以分别是待办事项、知道、做、教。

5. 与你的导师合作，在你的学习看板的每一列中确定条目的优先级。

6. 将每一列中的条目数量限制在一到两个，并确保每个条目的规模和复杂性一致。

7. 随着你的进展，将条目从"知道"列移到"做"列，以表明你正在实践该条目。

8. 每个条目（练习）至少做三次，并得到导师和/或同伴的反馈。

9. 一旦你实践了一个条目，通过教（告诉或展示）你的导师或其他能给你反馈的人，来测试你自己。

10. 定期检查你的能力水平和对每个条目的信心，以完善你的学习计划。

第23章 制订学习和有意忘却的计划

学习看板

我希望加入的规模系统：

- □ 小型规模（2~30人）
- □ 中型规模（31~300人）
- □ 大型规模（301~1300人）

注意事项：_____

评论/注意事项：_____

学习待办事项列表
与导师一起设置优先级
（待办事项）

哪些知识
是我需要获得去告知他人的
（知道）

哪些能力
是需要我展示的
（做）

我能教授什么
（教）

通常情况下，你想要的角色到来的时机与你为这个角色准备的程度是不同步的（事实上这往往是常态）。因此，在某些时候，你需要实现"信心的飞跃"，并在你目前的熟练领域之外（离开你的舒适区）工作。当这种情况发生时（一定会发生），你的导师会在你学习前进的过程中帮助你进入未知的领域。这就是秘诀：当你处于你所知道的和所能做的极限时，有一个值得信赖的导师为你的能力提供了一个"安全网"，并在困难时期作为一个倾听者在你身旁。

什么时候实现"信心的飞跃"，什么时候按兵不动继续学习，这之间的平衡是由你和你的导师来管理的。你的导师知道你什么时候准备好了。教练在没有准备好的情况下申请职位是敏捷教练行业的一个问题。这导致了存在很多冒牌的敏捷教练，他们受到邓宁—克鲁格效应的困扰。因此，请对自己诚实，并与导师合作，因为接受一份你还没有准备好的工作只会导致低绩效，如果你的职业声誉受到负面影响，可能导致你的职业生涯的重大挫折。

有意忘却

为了给新的知识和技能腾出空间，重要的是要认识到什么是必须放弃的。有意忘却需要一定的自我觉察；特别是关于无益习惯的提示，如第17章和第18章中提到的那些。因此，作为教练，你的首要任务是乐于接受反馈——征求和寻求关于你是如何影响周围人的反馈。通过这样做，你将能够知道你需要在哪里做到有意忘却。

有意忘却可以是非常具体、简单的动作，例如，当你表达意见时过于自信的语气或手势。或者，在个性特征方面也需要你有意忘却；例如，某些教练喜欢掌控，当提供正确的解决方案时他们就会感到很自在，而在执行"开放和保持"行动时则觉得很困难。

根据我的经验，有意忘却非常适合基于实验的方法。计划和有时限的实验，使你能够尝试新的习惯和行为，目的只是"看看会发生什么"。例如，每当你觉得有提供解决方案的冲动时，就向客户提出一个开放式的问题，如"我对这个问题有很多想法，但我对你的想法更感兴趣"，然后沉默不语，保持开放的心态，看看会发生什么。这样做两个星期，并写下洞察日记，你就会更加敏锐地觉察到有意忘却（改变）的机会。

最近，在我主持的一个工作坊中，有人开了一个玩笑，这让我获得了一个有意忘却的机会。这位学员说："你有点儿吓人，尼尔。"然后是紧张的笑声。

我的直觉给了我一个信号，它指向了什么东西？于是，我走过教室，在这个人旁边坐下，放慢了说话的速度，说："真的？这很有趣。请告诉我更多。"

她回答："嗯，尼尔，你是如此的全面，你让自己的感受和情绪保持开放，你很自信、热情。我们很害怕问问题或挑战你说的任何东西。而且，当我私下与你分享个人见解时，你会把它们讲给全班人听。我感到很尴尬。"

这让我大吃一惊，揭示了一个我以前没有看到的巨大盲点。我正在破坏我自己的工作坊的心理安全水平！

这使得我付出了两到三个月的有意忘却的努力，以消除我"过度分享"的倾向，以及期待每个人都能立即拥有开放的心态。我必须学会更谨慎地分享个人见解，尊重人们在私下里与我讨论的内容。每个人都会拥有有意忘却的机会，你只需要留意它们。

学习和有意忘却的画布

用画布记录复杂的想法并不是一个新概念，而且已经在许多不同的方面得到了应用，如商业模式、产品理念、战略、变革管理等。

我建议你把学习目标和有意忘却的目标放在一张画布上。在你与导师合作的过程中，将你所有的目标和活动记录在一张纸上，是一种整洁有序的方式。

让我给你看一个我曾与敏捷教练和敏捷实践者一起使用的例子。

左侧总结了你学习敏捷知识和技能的目标；如果客户在实施敏捷时遇到问题，这些目标支撑你可以向客户告知和展示相关问题解决方案的能力，同时，当谈话沿着纵深路径进行，也支持你的共同创造工作。我在画布上增加了一个"教"的部分，用以评估你教授他人的能力；这也是嵌入你自己的学习的一个好方法。

右侧显示了响应式敏捷教练模型中的所有其他行动，为你提供了空间，在你发展响应式敏捷教练的能力时，可以直观地看到自己目前的重点在哪里。

为了使画布更加完整，我在画布中加入了两个盒子：一个描述有意忘却的目标，另一个在你选择谈话路径时，记录你是在做出反应还是响应。

我建议你准备一张与此类似的画布，用便利贴更新它，概述你在每个领域的实验情况。然后，每次与你的导师见面时，讨论所获得的见解，并利用这些见解来计划你的下一组实验。再加上记录洞察和反思的日记，所有这些工具，以及社区的支持和导师的帮助可以很好地推动你的发展。好运。我祝愿你在旅程中一切顺利！

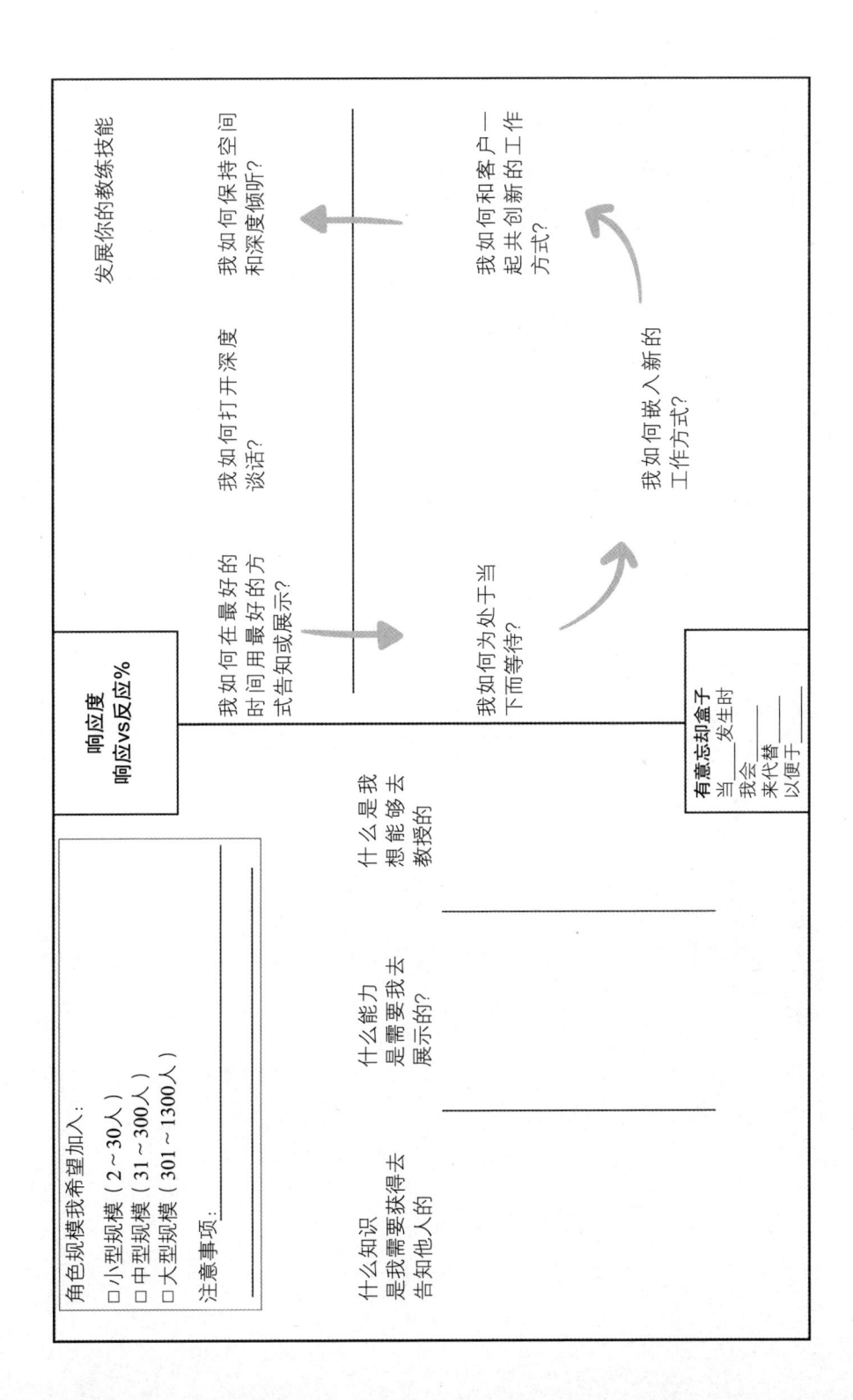

第23章 制订学习和有意忘却的计划 | 221

发展你的教练技能

- 我如何保持空间和深度倾听?
- 我如何和客户一起共创新的方式?
- 我如何打开深度谈话?
- 我如何嵌入新的工作方式?
- 我如何在最好的时间用最好的方式告知或展示?
- 我如何为处于当下而等待?

响应度
响应 vs 反应 %

角色规模我希望加入：
- □ 小型规模（2~30人）
- □ 中型规模（31~300人）
- □ 大型规模（301~1300人）

注意事项：_____

什么知识是我需要获得去告知他人的

什么能力是需要我去展示的？

什么是我想能够去教授的

有意忘却盒子
当_____发生时
我会_____
来代替_____
以便于_____

> **本章小结**
> - 方法涉及三个项：社区、学习和有意忘却。所有这些都是为了确保全面的发展。
> - 找到导师是你的第一步，也是最重要的一步。
> - 画布是一种精简的方法，可以规划、可视化及管理你的学习和有意忘却的活动与实验。

第24章 在组织中实施响应式敏捷教练

我现在想花点儿时间讨论一下，如果响应式敏捷教练模型被扩展到更广泛的组织中会是什么样子。如果你是一名领导、组织变革经理或转型顾问，你可能对如何大规模应用这一模型来实现文化变革感兴趣。

这章比较简短，可以帮助你解决其中的一些问题，并提供一些建议。如果组织中的每个人都在进行响应式敏捷教练谈话，这将意味着什么？

（敏捷）教练作为一种文化

在阅读有关组织变革的研究文献时，我发现一个有趣的现象，这个现象让我越来越意识到：敏捷教练和相关的规模化敏捷实践应该是拼图中缺失的一块，它将提供系统理论（创建学习型组织）和日常发生的事情（实践理论）之间的联系。当然，这只是我的反思，但也是我想完成本书的意图——提出一个问题，供有抱负的教练和领导者考虑：

"如果广泛采用响应式敏捷教练作为谈话方式，能否成为改变组织文化和实现业务敏捷性的关键因素？"

由于现实（人们所做的）与彼得·圣吉所谓的"学习型组织"的利他主义愿景不相符，创建自我学习的乌托邦组织的愿望大多失败了。这使得一些学者在看待圣吉将学习型组织转化为组织变革和工作授权的实践理论时，更着眼于它的局限性。有些人甚至声称应该完全放弃。

我认为这些学者所指的实践与理论之间的差距，正是敏捷的工作方式和敏捷教练谈话。我所知道的每次企业的敏捷转型中都少不了敏捷教练的支持。他们可能没有这个角色头衔，但他们所做的工作就是敏捷教练。据我观察，在一些转型项目中，采用敏捷作为工作方式的最大障碍是对变革的抵触。换句话说，人们不愿意被告知该怎么做。

值得注意的是，敏捷教练培训和认证行业在对敏捷教练进行"认证"时没有考虑如何处理阻力问题。敏捷教学的重点几乎都在敏捷理论和实践上。有一些供应商在销售敏捷领导力培训，但教练大多学习的是如何实施敏捷的技术或流程，或者说学习的是"告知或展示"的行动。当教练遇到阻力，需要他们走纵深路径时，由于没有接受过相关的培训，在需要选择的时候不知道应该采取什么措施。

响应式敏捷教练模型旨在填补敏捷教练的这一过程和实践的空白。我希望敏捷教练通过武装自己，在面对阻力时进行教练谈话，将能够更好地满足客户和组织的需求。

要达到把敏捷作为常态化的工作方式，每个人都需要在工作和学习的道路上对其他人进行教练；提供敏捷教练服务需要成为每个人的工作。如果每个人都能在组织的各个层面上促进相互尊重、心理安全的谈话，这就是一种真正的对话，那么敏捷作为一种工作方式就有很大的机会作为一种文化被嵌入。如果我们能做到这一点，那么我们就有更好的机会创建学习型组织。

敏捷教练作为一种技能

提供敏捷教练服务可以由敏捷教练来做，但也是人们可以学习的一种技能。在最近的一次工作中，我的任务是向整个组织的员工传授敏捷教练的技能。他们拥有不同的背景——行政助理、现场工作人员、商店经理、项目经理或Scrum Master，以及一些传统的角色。在六个月内，他们都展现出了足够的能力，以至于公司不再从外部招聘团队教练了，只用内部培训的敏捷教练来支持首次采用敏捷的数百个团队。我的观点是：在内部构建敏捷教练能力是可以做到的，而且已经做到了；大多数人都可以成为（初级）敏捷教练，或者通过6～12个月的培训、指导，借助专家敏捷教练的支持，以及在职学习来提供敏捷教练服务。

我希望本书能够作为一本介绍敏捷教练需要学习的内容手册；然后可以与更多传统的敏捷学习和发展相结合，培养内部教练，帮助敏捷教练成为任何人都可以掌握的技能。

高管的教练能力

在考虑要教练谁，以及用什么样的顺序来进行教练的时候，"高管怎么办"这个话题总是会出现。当试图向敏捷转变时，尽早（或首先）让高管加入进来是至关重要的。我所说的高管是指那些拥有组织权力来实现变革的人。让他们加入的最好方法是教他们如何成为一名教练。教练高管会从他们个人的角度明白，思维方式的改变究竟意味着什么。当然，高管需要接受所有关于敏捷领导力的培训，但"敏捷转型工作的70%是改变领导层的心态"，这是ING银行的CEO 拉尔夫·哈默斯（Ralph

Hamers）所说的话，我最近听他谈到了ING银行向敏捷转型的情况。

敏捷教练很少被告知如何帮助高管改变心态。通常情况下，高管坐在圆桌会议上，讨论敏捷的价值和原则；他们玩敏捷游戏，这很有趣。但当他们回到工作岗位上，面临交付压力时，教练才会帮助高管发生改变。我相信，如果响应式敏捷教练模型被应用到整个组织，它将成为人们学习开放、诚实和变革性谈话的一种方式，以此改变工作方式。如果高管首先做到这一点，那么就会向所有员工发出一个明确而强烈的信号，即敏捷转型是被认真对待的。

当高管展现出脆弱的一面，并经历思维方式的转变时，这就会向组织的其他成员发出信号，表明敏捷转型不仅是成本降低或效率提升的举措，文化转型也在进行中。响应式敏捷教练模型旨在提供一种手段，支持高管完成思维方式的转变。该模型能够帮助教练与客户进行更深入的谈话，而不是由教练告诉他们该怎么做。如果能让高管共同创造新的工作方式，那么这些新的工作方式会在一开始就被接受。

在我看来，响应式敏捷教练模型的最佳应用方式是：高管与敏捷教练进行教练谈话，然后再与他们的同级别高管进行教练谈话。这就是我设计这个模型的初衷，它是自我服务和"开源"的，不是专供那些拥有敏捷教练头衔的人使用的，而是任何希望提供敏捷教练服务的人都可以使用，无论其职位高低。

本章小结

- 由于缺乏实践理论的支持，人们对组织的自我学习系统的期望值并不高。
- 可以说，在实现彼得·圣吉等学者们所做承诺的内容方面，敏捷的规模化是一个缺失环节。
- 建议采用"高管当教练"的方式，确保企业高管亲身体验敏捷转型中所需要的思维方式转变。如果高管学会了响应式敏捷教练谈话，这将是他们在整个组织中示范其希望看到的变化的一种方式。
- 敏捷教练可以被定位为每个人都可以学习的技能，而不仅仅是那些拥有敏捷教练头衔的人。将敏捷教练作为一种技能，可以使其成为文化变革的推动者，减少过度依赖少数敏捷专家的风险。

结语——写在最后的话

我真诚地希望本书能给你带来挑战和启发。如果我们真的像史蒂芬·邓宁（Stephen Denning）所说的那样——处于"敏捷时代"，那么我们将需要比敏捷教练更多的人来提供敏捷教练服务。最近，我正在给一家公司提供教练服务，我问该公司一位非常资深的人力资源领导，她希望我在敏捷会议上发言时能向敏捷社区传递什么信息。她回答说："告诉所有的敏捷实践者，他们的数量太少了，而且成本太高了。"

这位领导正在花费数千万美元购买敏捷教练服务，并且对市场上缺乏敏捷教练能力的教练颇有微词。我为什么要提到这个？好吧，本书的目的是提供一种开放的、可获得的方法，将敏捷教练变成一种任何人都可以学习的技能；部分解决这位领导在寻找人才时所面临的问题。

我希望达到的一个目的是，帮助那些拥有敏捷教练角色头衔的人，对究竟如何进行敏捷教练谈话的细节有一些更具体的了解；另外，我也希望本书能成为一份指南和参考，帮助那些想学习敏捷教练技能的人。

当然，本书只涵盖了一般概念上所认为的敏捷教练一系列职责的一部分。我并没有具体介绍很多重要的主题，如引导，但我所做的是揭开敏捷教练谈话的神秘面纱。一旦能够看清敏捷教练谈话的各个部分，我们就可以思考如何更好地掌握和应用这项技能。

如果想更好地交付响应式敏捷教练，就要求教练成长、学习，成为一个更好的人；一个更有自我觉察、更善良、更开放、对他人更有帮助的人。个人成长是很难的，没有捷径可以直达卓越。我的愿望是通过本书使你的发展之路（稍微）容易一些。对于那些渴望成长为专注于行为和心态改变的敏捷教练的人，我希望本书能成为你们的指南。

如果我们能够在整个组织中推广响应式敏捷教练技能，我相信在与其他组织变革活动相结合时，它可以成为更广泛的文化变革的助推器。

我最后要说的与敏捷带给我们的承诺或愿景有关。关于如何利用敏捷的价值观和原则创建自我学习、有责任感的组织，很多书和研究论文都涉及。但是，在大多数情况下，敏捷并没有实现其隐含的承诺，即建立一个可持续的、健康的、人性化的工作环境，完成有价值的工作。随着我们不断发现更好的方法，通过实践和帮助他人来实现敏捷，我希望本书的小小贡献能让我们离看到敏捷最终实现其宣言的目标更近一步。

反侵权盗版声明

电子工业出版社依法对本作品享有专有出版权。任何未经权利人书面许可，复制、销售或通过信息网络传播本作品的行为；歪曲、篡改、剽窃本作品的行为，均违反《中华人民共和国著作权法》，其行为人应承担相应的民事责任和行政责任，构成犯罪的，将被依法追究刑事责任。

为了维护市场秩序，保护权利人的合法权益，我社将依法查处和打击侵权盗版的单位和个人。欢迎社会各界人士积极举报侵权盗版行为，本社将奖励举报有功人员，并保证举报人的信息不被泄露。

举报电话：（010）88254396；（010）88258888
传　　真：（010）88254397
E-mail：　dbqq@phei.com.cn
通信地址：北京市万寿路 173 信箱
　　　　　电子工业出版社总编办公室
邮　　编：100036